なぜ人を殺しては いけないのか

法哲学的思考への誘い

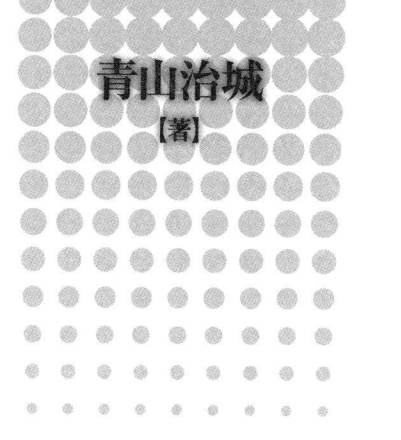

青山治城
【著】

法律文化社

まえがき

　2009年に始まった「裁判員制度」によって，日本でも一般市民が否応なく法とより具体的かつ直接的な関わりを持たざるをえなくなった。もちろんこの制度に反対する人たちもいる。その人たちにとってはまさにこの「否応なく」という形容は納得できないであろう。反対する理由には，単に感覚的なものや自分が関わるのがいやだというだけの反対論から，憲法を援用した法的反対論まで様々ある。私は賛否両論，もっともっと議論されることを望んでいるが，反問を許さないような議論の仕方は，社会的にも学問的にも有益ではないであろう。また，それが自分たちは法に触れずに生きられると考えるからだとすれば，そうした反対論は成り立たない。その詳細は本論に譲るが，ドイツの法哲学者が言うように，人々が眠っているときでさえ法は生きて働いているからである。

　裁判員に選ばれた人はおそらく，ある種のスリルと緊張を感じるであろう。実際には，生涯選ばれることなく，その興奮を味わう幸運？を逃す人の方が多い。そこで，そういう人たちにも，同様の知的興奮，知的スリルを味わえるような題材を提供したい。これが本書執筆の動機である。したがって，本書は「一般市民」を読者として想定している。裁判員制度に関する書物はもとより，法や政治に関する入門書の類は山ほどあるのに，あえて筆をとる（キーボードに向かう）理由は何か。それは，意識するかどうかを問わず，法がわれわれの生に深く関わっていることを示したいからにほかならない。法は人の命さえ「合法的に」奪うことがある。ただし，そうした暴力的要素をもつのが本当に法なのかどうかという問題はある。それは法ではなく，人，あるいは社会または国家であるのかも知れない。ただ最初に言っておきたいことは，参政権をもたない未成年者も，自ら関与していないはずの法によって自分の命を奪われる可能性があること，死刑を宣告されるようなことはないとしても，財政や環境，医療や外交に関するものなど，命に直結する問題を含んでいる法は非常に多いということである。そのような可能性に無関心でいる権利を主張する人もいる

かも知れないが，それがどこまで現実的であるか，本書全体を通じて改めて考えてもらいたい。

言語によっては法と権利はほとんど同義であり，そこでは「自律」的「個人」のもつ「権利」の「公正な」保障こそ法の理念たる「正義」の要請である。このような連想は容易であるが，今カッコ付きで示した用語は，それぞれ問題をはらんでいる。その趣旨については序章に譲るとして，ここでは，もう1点，別の角度から本書の狙いを述べておきたい。

私が日頃接しているのは，主に外国語学部と法学部の学生である。前者の場合，法に対する距離感が強く，裁判員制度についても「法律に関する無知」を理由に消極的な態度の学生が多い。それでも，私の授業をとるに当たって，殊勝な学生は一生懸命「勉強」したいと言う。それに対して法学部の学生は，さすがに法に対する忌避感は少ないようだが，私の担当する「法哲学」に関しては一般の法律学とは違った視点を「学ぶ」ことができたとか，もっと哲学的な思考法を「学びたい」と言う者がいる。

こうした学生の反応に接して考えさせられるのは，現在の大学で行われているのは「勉強」なのか「研究」なのか，あるいは「学習」なのかということである。少々古いが角川の『類語新辞典』(1981年)によれば,「勉強する」とは「努力する」こと一般に関わる。日常店先で使われれば，この表現は「値段を下げる」という意味にもなる。また,「学習」とはまねをし，見習って後天的に知識,技能を身につけることであり，過去の経験を通して新しい適応の仕方を習得するといった意味に通じている（ちなみに「学力」とは，この学習上の能力となっている)。この2つは関連しあっているらしく，勉強は学習というより大きな項目に含まれている。これに対して,「研究」は「物事について深く調べ考えて明らかにする」と説明され，探求，解明，究明などと並べられている。「学問」とは「知識を体系的に組み立てたもの」であり,「学ぶ」とは「教えを受けてその通りに覚えること」とある。

このような説明からすると，私の接する学生たちは，「努力します」「覚えたい」と言っていることになり，教師としてはいささか心許ない。なぜなら,「努力する」とは値下げの意味を含むように，学費に照らして授業から得られる成

まえがき

果が小さくても我慢するという意味にもとれるし,「覚える」と言われても,対立する議論を同等に並べて示すと,どちらを覚えたらいいのか混乱するであろうし,どちらもそのまま覚えてしまうだけでは,対立する論点が分からなくなってしまうだろうと危惧されるからである。本書で示したいのは,常識と思われるようなことがらでもそう一筋縄ではいかないこと,物事の真相を知るという意味での学問が与えてくれるスリルである。

「人を殺してはいけない」。これこそ,そうした常識の典型ではないかと思われる。法律は明示的に「殺人」を禁止してはいないし,時に殺人を合法化している場合さえある。また,一般的「常識」では,殺人などきわめて例外的な人間が犯すまれな事件だと考えられそうだが,同じ「常識」が体感治安の悪化を感じさせ,見知らぬ他人との共存状況が増えたために殺人などの凶悪犯が増加していると思いこませる。これがいかに現実に即したものでないか,事実に照らして「常識」を改める必要があるが,これがなかなか難しいようだ。それが難しい理由を知るためには,人間の心理,意識と無意識のあり方にまで遡って考えてみる必要がある。「健全な国民感情」と学問および理性的認識との間には実は深い溝があるのである。[1]

それを単純化して言うならば,どのような意見をもち,どのように考えるにしても,その理由と根拠をどれだけしっかりと言うことができるかどうかの違いである。たとえ結果的に正しい考えをもっていても,ただ直感に頼って理由など考えるまでもないという態度は,ほとんど思考停止状態にあると言ってもよい。そうした状態のもたらす弊害を本書ではいろいろな場面で問題としていきたい。実際,結論は同じでも,その理由が異なれば法的な扱いにおいては特に大きな違いが生じてくる場合も少なくない。

どこまで成功しているかどうかはともかく,本書ではそうしたことを示すために,できるだけ専門的な用語を避け,分かりやすく問題のありかを示すことを試みたつもりである。注も最小限に抑え,参考文献も入手しやすい邦語文献（翻訳を含む）にとどめている。本書を通じて少しでも興味を引かれたところが

---

[1] カウフマン1993年：257頁。

あれば，ぜひこれらの文献にも当たって考えを深めてもらいたい。
　なお，記述や引用に若干の重複があるが，同じ問題をいくつかの異なる視点から扱っているためであり，あらかじめ了解しておいて頂きたい。

目　次

まえがき

序　章　「心の内戦」と「法の力」……………………………… 1

「なぜ人を殺してはいけないのか」という問い／責任とは／「心の内戦」／客観と主観／常識にとらわれない発想／「なぜ人を殺してはいけないのか」をめぐる4つの問い

★*Columu 0*　映画『Es』（原題：Das Experiment）　12

第1章　「なぜ」という問いの意義 ……………………………… 13

1　行為の「なぜ」　目的と理由　14
「なぜ」という問いかけ／行為の原因を問うこと／行為の意味

2　義務論　道徳的な「なぜ」　20
行為とは何か／行為の主体／自由と道徳／なぜ道徳的に行為しなければならないのか／デュゲスの指輪

3　功利主義　目的に関する「なぜ」　28
行為の目的／ミルの功利主義／規制功利主義／選好功利主義

4　存在論　人間存在に関する「なぜ」　35
存在論的な問題地平で考える／「社会」の再発見／すべての人間は人格か／義務論と功利主義の違い／「なぜ」と「間主観性」

★*Columu 1*　NHK ETV特集『永山則夫　100時間の告白──封印された精神鑑定の真実』（2012年10月14日）　45

第2章　殺してはいけない「人」とは何か ……………………… 46

1　ヒトと「人間」　46
殺してはいけない「人」とは／理性という基準

2　自分と他人　50
「ヒト」の死／自分と他人の非対称性／社会的自己と個的自己の関係

3　胎児、嬰児、脳死者　58

中絶をめぐる問題／サイボーグ化する人間／脳死をめぐる問題

4 人権とその主体　　法に違反する権利　61

人権と公共性／2つの人権概念と人権主体／法治主義と法の支配／人権と国家／人権の担い手／権利基底的法概念／民主主義と立憲主義

★*Column 2*　映画『評決のとき』　74

第3章　「殺す」とはどういうことか　75

1 死の意味　　自然死，病死・災害死，殺人　75

殺人の意味／意図と行為の関係／殺人への関心／「故意」は自明ではない

2 自死から自殺へ（死の自己決定？）　82

自殺という行為／自殺は罪悪か／自殺否定論の論拠／現実的な自殺否定論／自殺肯定の論理

3 死刑と戦争　90

戦争による殺人数／事実と規範の区別／死刑を考える／死刑と無期懲役を分ける基準

4 自由意志と行為の責任　　目的動機と理由動機　97

「人を殺す」行為の評価をめぐる対立／共通了解ができない他者／意志的行為かどうかの区別

★*Column 3*　NHKスペシャル『終戦特集ドラマ・気骨の判決』（2009年8月16日）　103

第4章　「いけない」とはどういうことか　104

1 自然法論　104

ノモスとピュシス／アリストテレスの正義／自然法論の魅力／カルネアデスの板

2 法実力説　112

力の正義／カントの義務論／アリストテレスの目的論／価値という視点

3 法実証主義　119

道徳を法から排除する？／ケルゼンの純粋法学／根本規範

4 善と正義　123
法実証主義のパラドックスと正義／ロールズとサンデル／司法と正義

★*Column 4*　映画『日独裁判官物語』（1999年日本のドキュメンタリー映画）　131

第5章　法的正義と法的責任　………………………………………… 132

1 日本人の法感覚　132
法律は殺人を禁止していない？／形式的遵法義務の感覚／日本人の正義感覚／法の遵守と道徳法則／比較のなかの法感覚

2 法の権威　138
法のもつ権威／権威に従う心理／法の権威／法の正当化根拠

3 法的正義と法的責任　144
60億通りの正義／価値相対主義のディレンマ／アナーキズムと秩序／法的正義と法的責任／私的領域と公的領域／「法に触れる」ということ

あとがき　153

参考文献　155

序　章　「心の内戦」と「法の力」

◆「なぜ人を殺してはいけないのか」という問い

　10数年前，あるテレビの討論番組で，一人の青年が「なぜ人を殺してはいけないのか」と問いかけた。この問いに対する応答は皆無ではないにしても，「おとな」たちは，ほとんどそれを無視している。むしろ，そんな当たり前のことも分からないのか，といったため息しか聞こえてこない。例えば，ある人は，こうした問いが出される原因を「それぞれの人生という物語を背負って生きている具体的存在としての他者に対する想像の欠落」，「存在しているというだけで地球の生態系の破壊行為を増幅させる人間という存在を無意味あるいは悪とみなす迷妄」にあるとし，それを「戦後の競争原理社会の中に生きてきた人々の心にあまねく巣くう基本的な病い」だと言う。[1]

　しかし，そうした一見自明と思えることに問いを発することこそ，むしろ人間的なことではないのだろうか。このような問いを禁圧してしまうような「おとな」や日本の教育体制の方こそ，どこかおかしいのではないか。上に引いた応答は，発せられた問いに答えたことになるだろうか。この問いは，裏を返せば「人はなぜ生きるのか，生きなければならないのか」，「なぜ生が善で死は悪なのか」といった，生と死に関わる根本的な問題をはらんでいる。ところが，神を殺した西洋近代社会においては，そうした価値的・倫理的な正当性問題は個人的・内面的な事項とされ，社会的な場面では民主的手続の合法性だけが問題とされ，こうした問題について論じる共通基盤が失われてしまっている。その意味でこの問いは，西洋的近代社会そのものに対する根本的な問題提起になっており，確かに正当性問題が合法性問題に吸収されてしまった「競争原理

---

1)　1998年3月3日付朝日新聞，藤原新也氏のことば。大江健三郎も「まともな子供なら，そういう問いかけを口にすることを恥じるものだ」と述べている（朝日新聞1997年11月30日）。

社会における基本的な病い」とも言えよう。だが，この問いは，そうした近代社会一般に通じる問題とは別の特殊日本的な問題とも関わっているように思われる。戦後に限らず，われわれ日本人はそもそも，具体的な「他者」に対する想像力をもっていたのだろうか。むしろ，イエやムラ，会社や肩書き，そうした所属でしか自分も他人も評価することができないのではないか。その意味で，そうした肩書きをはずした「具体的他者」など，いまだに日本には存在しないのではないだろうか。

さらに言えば，人間「存在」の意味について考えるということを，われわれはしてきただろうか。戦前と戦後の違いが強調される向きがあるが，例えば教育内容に関して大きな違いはあるにしても，教育の方法は全く変わっていないのではないか。明治以来，日本は西洋の文物を広範に吸収してきたが，その際「和魂洋才」といった標語の下，取り込むことを避けてきたものがある。取り入れたものと拒否したものとのギャップこそ，今日顕在化しているさまざまな問題の根っこにあるのではないか。具体的にいえば，これまで巧妙に忌避されてきたのが西洋的哲学と宗教である。

厳密に言えばこの両者は区別されるべきかも知れないが，共通するところがある。いずれも現実主義的プラグマティズムに対抗するという性格をもっているからである。西洋の哲学は神学との対決のなかで発展してきたものであるし，その宗教も教義をめぐる度重なる現実の闘争のなかで哲学的に洗練されてきたものである。日本には日本なりの哲学と宗教があるではないか，と言われるかも知れないが，それではそのなかに「他者」とか「存在」といった概念で捉えられるものを位置づけることができるだろうか。実際，「他者」との共存，信教の自由といった観念は定着していないどころか，その意義さえ十分には理解されていない。現在の日本に起こっているさまざまな問題は，そうした根の深い問題に起因しているように思われる。

学校管理者は，何かことが起こると，とかく「命の大切さ」を説く。生命尊重，生命礼賛という言説は，ほとんど決まり文句のように繰り返されている。確かに命は，考えたり愛したり労働したりするために欠くことのできない基本的なものである。命なしには何も始められない。その意味で生きる権利は第1

の権利と言ってよいであろう。しかし，生命尊重を説く者が同時に防衛という名の戦争の準備をすること，死刑の必要性を主張していないだろうか。人間にとって死が不可避であること，貧しいという理由だけで日々死にゆく多くの子どもたちがいるという事実を教えているのだろうか。生命尊重と人間尊重が決して完全にイコールでないことを考えたことがあるのだろうか。経済優先の社会がいかに生命を軽んじているか，否むしろ地域的，国家的，人類的エゴイズムに基づいて各種の集団が人々の生きる権利を侵害することを許容しているという事実を，どれほど教えようとしているだろうか。

2002年に文部科学省が作成して全小中学校に副教材として配っている道徳教材に「心のノート」がある。これは，まず最初に自分自身の努力によって自分を輝かせることを説き，第2に友人や他人を認め合うことを，第3に自然や命の尊さを教え，最後に法や学校のきまりを守り，家族や日本の文化を尊重しなければならないとしている。しかも，そこに描かれた理想の子ども像を基準にして，一人一人に自分の至らない点を反省させ，書かせることになっている。各種メディアの発達した現代の子どもたちは，多くの大人たちがそんな理想的な人間でないことに気づいているはずだ。膨大な数にのぼる交通事故による死者や自殺者を知っている子どもたちにとって，これでは現状についての疑問を封殺し，そうした疑問を抱く自分に自己嫌悪を感じさせるだけではないか。[2]

一人の青年の発した問いは，生命尊重をお題目のように唱えるだけの風潮がはびこってる日本の現状において，全く真っ当な問いである。こうした問いに答えることは「おとな」の責任でもあろう。もちろん，かの青年がどのような意味で問うたのか，それによって答え方も違ってくる。教科書的な一義的な答えを求めているとしたら，そんな答えはないとしか答えようがない。また，直接自分の利害に関わるような実感的な答えを期待しているとしたら，やってみるしかない，としか答える術はないのかも知れない。『無知の涙』の著者・永山則夫のように，死刑を宣告されて自分の死をリアルに実感してみなければ結局は分からないのだ，と。だが，問いと答えとの関係をも射程に入れた問いで

---

2) 三宅2003年，高橋哲哉2003年，参照。

あるとすれば，答えることはできるはずである。少なくとも答えようとしなければならない。そうしなければ，まさに問いかけた相手を「具体的な他者」として扱うことにはならないからである。ソクラテスの問答法に見られるように，問いは答えられることによって深まり，発展していくものであって，あるところで簡単に答えが与えられて止まってしまうような問いは，むしろあまり問う価値のない問いだと言うべきであろう。「なぜ」という問いは，その意味で重要である。しかし，これまで日本では，こうした問いは問うても仕方のない，無意味で無駄なものとしてほとんど無視されてきたのではないか。しかし，そのような態度は，学問的，知的責任を放棄しているに等しい。

◆責任とは

　その点で，日本語の文脈で使われる「責任」ということばほど無責任なものはない。例えば，長年政権を担当してきた人々はよく「責任政党」という表現を使うが，その場合の「責任」とは一体何を意味しているのだろうか。そして，一体どんな「責任」をとってきたというのだろうか。また，近年，自殺者が増えているが，死ぬことこそ最大の「責任」のとり方であるという感覚における，その「責任」とは一体どんな責任で，自死することでどんな「責任」をとったことになるのだろうか。ちなみに，手近にある広辞苑で「責任」の項を引いてみると，最初に出てくる意味は「人が引き受けてなすべき任務」とある。与えられた役割に応じた任務という日本的な責任の意味と，他者への応答 response という西洋的な意味での「責任」の違いは非常に大きい。日本では，官僚や教師の責任とは彼等が属する省庁や学校などの組織としての役割にしかすぎず，「具体的な他者」に対する応答としての責任感覚は非常に薄いと言わざるをえない。

　海外で人質になった日本の若者に対して，政府の警告を無視して渡航したのであるからテロリストに身柄を拘束されたのは「自己責任」であって政府に救助の義務はないと，マスコミを通じて一般庶民の声が流布したことがある。このような言説は，自分に直接関係のない「他人事」に関わることへの感覚的拒否反応であるように思われる。これは，集団主義的と言われる日本人の悪しき個人主義の表われではないか。また，金融の自由化にともない「自己責任の原

則」ということが官僚サイドからも聞こえてくるが，そうした責任を個々人に求めるための前提となる情報の公開や，政策についての説明責任（アカウンタビリティ）の必要性に関しては非常に鈍感としか言いようがない。東日本大震災と福島原発「事故」をめぐる政府や東電の対応を見ても，この点については何も変わっていないことが分かる。

　戦争責任の問題にしても，多くの「おとな」たちが，あれはアジア解放のための西洋植民地支配，帝国主義に対する戦争だったのだとして正当化し，あるいは当時を生きた人々がその評価を将来の歴史家に任せてしまう。「仕方なかった」と言いながら戦没者保障，遺族保障はしっかりと要求する。かつての日本や日本国民を悪く言うことは，子どもたちの祖国を愛する心を疎外し，自信を失わせ，それが昨今の少年犯罪の増加にも影響していると言われることがある。この問題をここで取り上げるつもりはないが，戦後ドイツがひたすらナチス時代の罪を認め，謝罪と個人賠償を続けてきたばかりか，ナチス擁護の言論に対しても処罰をもって臨んできたことが諸外国の信頼をかちとる力となったこと，最大の戦勝国であるアメリカが戦時中日系人を強制収容したことに対してなされた謝罪と賠償，反対勢力も強いとはいえ原爆投下を批判する言論が堂々と行われていること，これらの事実と比較してみると，日本における「責任」追及とそのとり方がいかに中途半端なものであるかが分かるであろう。

◆「心の内戦」

　一体なぜこのようなことになってしまうのだろうか。先の青年の問いに答える（応答する）ことによって，この問題にせまってみたい。これが本書のねらいの１つである。「心のノート」に見られるように，学校で教えられる「道徳」教育なるものは，ここで取り上げようとするような問題についてじっくりと「考える」ことを課題としてはいない。所詮，情緒的な「理解」にとどまっている。自殺者の増加している現在の状況を「心の内戦」と呼んだ作家がいる。１万人を超える年間交通事故死者を出す状況が，かつて戦争に喩えられたこと（「交通戦争」）に照らして，年間３万人に及ぶ自殺者を出す現在の状況を「心のうち

3）　五木1999年；294頁。

に向かう戦争」と表現したものである。

「心のノート」にせよ「心の内戦」にせよ，心の問題に「法の力」はどの程度介入することができるのかはなはだ疑わしいが，奇しくも同じ2006年，与党のみの賛成によって教育基本法が全面改正（悪?）されるとともに，自殺対策基本法なるものも制定されている。強い反対があったにもかかわらず改正された教育基本法の特徴は，前文で「公共の精神を尊ぶ」ことが挿入され，第2条で「豊かな情操と道徳心を培う」と，心の内容に踏み込んでいる点にある。古典的な「法と道徳」区別論では，法は外面的行為にのみ注目し，動機や目的といった内面には関心をもたないとされてきた。刑事責任の領域では「故意」が重要な役割を果たし，民事責任の場合でも「心裡留保」といった形で内面性が問われる場面もある。だが，これらはいずれも，行為者の意図と結果との間に齟齬あるいは錯誤があったかどうかという点で問題にされるのであって，心そのものについての道徳的価値判断を問うものではない。

法が求めるのはあくまで，法的ルールに適合した行為だけであって，「心の内戦」を防止したりその被害を保障したりすることはできない。これが，これまでの常識的な見方と言えよう。ただし，各人の「心」の内側は外側から見えるはずはないのだが，法はそこに「故意」や「過失」があったと認定する。法を学ぼうとする者は，どういう場合にそうした「心の内面」が認定されるのかを教えられる。こうした言わば「客観的に認定された心」というものを甘んじてそのまま受容するだけでよいのだろうか。権利や自由といった法的概念は，たいていその担い手，自立的で自律的な法主体を前提するが，そこでは「主観性を客観的に見る」という態度がうかがえる。その基本にあるのは，各人の主観的経験も究極的には客観的実在に根づいていて，そのために個々人の主観的判断や自由意志も客観的結果をもたらす実在的なものだという考え方ではないだろうか。しかし，こうした前提や考え方はいかにして得られるのだろうか。

◆客観と主観

古くから「自由意志と決定論」の両立可能性として論じられてきた問題にもつながる論点であるが，この問題に対しては，実在の側からではなく，「実在があるというわれわれの考えから出発する。つまり，主観性を客観的に見よう

とする見方から,客観性を主観的に見ようとする見方へと見方を変えてみる」必要があるように思われる。問題に応じて濃淡は生じるであろうが,本書はできるだけこうした「現象学的態度」を基調にしていきたいと考えている。そうすることによって,法という実在に受動的に関わるのではなく,むしろ主体的に関わる道が開けるのではないかと考えるからである。

この点について,先にあげた「責任」論につなげて一言補足しておきたい。オルテガによれば,大衆とは「自分以外のいかなる審判にも自分をゆだねないことに慣れている」人々であり,エリートとは「自分を超え,自分に優った一つの規範に注目し,自らすすんでそれに奉仕するというやむにやまれぬ必然性を内にもっている」人である。これを日本のエリート（官僚や政治家,裁判官）に当てはめてみると,規範というより,自分の属する組織や党,あるいは自分に運用を任された法律や規則に奉仕する者がイメージされるのではないか。すると,彼らが責任を負っていると感じるのは自分の属する組織であり,自分が運用している個別的な法律ということになり,国民全体に責任を負っていることにはならないのではないか。大衆は大衆で,自分自身の利害,関心にしか興味を示さない。これに対して,組織や法律,自分の利害といったものがあらかじめ存在することを前提しないとしたら,そして,そうしたものが実在するかのように考えるのはどのようにしてか,を考えてみるとしたら,エリートも大衆も,自らのよってたつ基盤（組織や自分自身）について反省的に捉え返すことができるのではないだろうか。

こうした観点から「なぜ人を殺してはいけないか」という問いを捉え直してみると,この問いは,互いに重なり合うが,性質の異なる多くの問題を含んでいることが分かる。まず,それがどのような意図,どのような趣旨で問われているのか,が問題になる。「なぜいけないのか」という問いは,しばしば「いけなくなんかないはずだ」という反語的前提の下で発せられる。善いとか悪いとか,そんなことを判断する客観的な基準などもともとありはしないのだというシニカルな態度が先取りされている場合である。そうしたニヒリズムも1つ

---

4) ロイド2006年；473-474頁。
5) オルテガ・イ・ガセット1995年；87-88頁。

の態度ではありうるが，その場合にはすでに問いの次元を超えてしまっている。それに対するいかなる反論も受けつけないとすれば，もはやまともな問いかけとはいえず，問うまでもなく当然にいけないことに決まっているという態度と変わらない。重要なのは，そうした両極的態度を避けて，問うに値する問いとして受け止めることであり，そのためには自分の感覚的直感や世間的常識に対する批判的精神が必要だということである。

◆常識にとらわれない発想

　そのような意味で，常識にとらわれない柔軟な発想こそ，現在の一般市民にも大学教育にも求められている「教養」ではないだろうか。もとより，柔軟な発想と現実離れした夢想とは決して同じではない。私が法学の授業で学生に問いかける具体的な例から考えてみよう。刑法にはその177条に「強姦罪」という犯罪が規定されている。普通，刑罰を科してまである行為を防止しようとするのは，その行為によって損なわれる利益を保護しようとするのだと考えられている。法によって守ろうとする利益であることから一般に「法益」と呼ばれる。では，この規定によって守ろうとする法益とは何か。個人的法益としての「性的自由」か，それとも社会的法益として「貞操（観念）」なのか。[6] 刑法にはもちろんこの他に，暴行罪や傷害罪，監禁罪などが規定されているのであるから，これらによって守られる法益との違いが問題になる。しかも，日本の現行刑法の強姦罪は女性のみを被害者として想定しているのであるから，男性も被害を受けると想定されている暴行，障害との違いは明らかに男女の違いを前提としていることになる。

　強姦は単なる身体的暴行，障害とは異なる独特の屈辱感をともなうものだと言われることがある。これは男の私にもある程度は理解できるが，それは男性でもそうした屈辱感を味わう可能性があるからではないだろうか。実際，男性も男性によって（女性によっても）「強姦」される可能性がある。そうだとすれば，想定される法益は男女平等であるべきなのではないのだろうか。しかも，よく知られているように，日本国憲法は「法の下の平等」を掲げ，性による差別を

---

[6] この点については，小宮2011年；189頁以下参照。

明確に禁止しており（14条），憲法の規定に反する法律は無効だと宣言している（98条）のであるから，刑法のこの規定は憲法違反であって無効ではないか。

こう問いかけると，学生のうち約3分の1は，その通り，女性のみが被害者になる現在の法律は改正されるべきだと答える。その逆に，約3分の1は，男女の身体的，生殖能力の違いなどをあげてこのような違いは「差別」には当たらない当然の区別だと主張する。残りの学生は，どちらとも言えない（分からない）という回答をよせる。ただ，そのなかには，憲法の男女平等原則がおかしいので，憲法を変えて女性保護をよりあつくすべきだという者もいる。憲法論では，合理的（許される）「差別」か，不合理な（許されざる）差別かという形で論じられる問題であるが，その際，「合理的」ということの意味が問題になる。最高裁判例では一応この2つを区別する基準がいくつか示されてはいるが，結局はケース・バイ・ケースで判断するしかないとされている。そして，もちろん（？），女性のみを被害者とする強姦罪規定は合理的差別に当たり合憲であるという判決も出ている。それによれば，

　　刑法が前記規定を設けたのは，男女両性の体質，構造，機能などの生理的，肉体的等の事実的差異に基き且つ実際上強姦が男性により行われることを普通とする事態に鑑み，社会的，道徳的見地から被害者たる「婦女」を特に保護せんがためであつて，これがため「婦女」に対し法律上の特権を与え又は犯罪主体を男性に限定し男性たるの故を以て刑法上男性を不利益に待遇せんとしたものでないことはいうまでもないところであり，しかも，かかる事実的差異に基く婦女のみの不均等な保護が一般社会的，道徳的観念上合理的なものであることも多言を要しないところである。されば，刑法177条の規定は，憲法14条に反するものとはいえない。(昭和28年6月24日大法廷判決)

「多言を要しない」と切って捨てた言い方になっているが，はたしてそのように断言できるだろうか。強姦が暴行，障害と区別される論拠の1つに，意に反した「妊娠」の可能性が上げられることがあるが，少なくとも「一般社会的，道徳的観念上」は「妊娠」することが当然予想される夫婦間でも強姦罪の成立を認めた例があり（札幌高裁昭和30年9月15日判決，広島高裁松江支部昭和62年6月18日判決，東京高裁平成19年9月26日判決），同様に，「一般社会的，道徳的観念上」妊娠不可能と思われる女性に対する強姦罪の成立根拠としては弱い論拠

と言わざるをえない。

　また，前記判決文に見られる「事実的差異に基く婦女のみの不均等な保護」がなぜ「強姦」の場合にのみ許容されて，職場では許されないのか。「婦女の保護」と言いながら，実は男の欲望対象を保護することに狙いがあるのではないかといった別の疑問もわいてくる。何が合理的差別で何が不合理な差別に当たるのか，こうした問いに「正解」はないのかも知れない。先の問いかけに対する答えはいずれにもそれなりの理由はあるからである。しかし，その理由づけの仕方によって，今あげたような問題の扱い方も変わってくる。

　簡単に「常識的な」答えに飛びつくことは危険でもある。それによって「分かったつもり」になっていると，別の場面では同じ答えに裏切られて困惑することにもなりかねない。むしろ，本当はよく分かっていないことに気づくことが大切ではないか。強姦問題を取り上げたのは，具体的で身近な問題から現実に行われている法的処理の仕方にも問題があること，問題点が分かっているはずの「専門家」に対してでさえ，なお問いかける余地が多分に残っていることを示すためである。「分からないことを分かること」，これが生きる上でも政治，経済の場面でも重要なことがある。

　知らないことを知ったつもりになっている例は，他にも数多くある。例えば，現在のような1人1票の投票によって最多得票を得た者が当選する選挙制度が本当に民意を反映するとは言えないことを示す「投票のパラドクス」の問題などがある。[7]「民主主義」を標榜する現実の法制度にも多様性があり，民主主義の本質が何であるかをめぐっても多様な論争がある。有名なリンカーンのことば，「人民の，人民による，人民のための政治 Government of the people, by the people, for the people」は，非常に分かりやすい民主主義の定義とされているが，実はかなり曖昧である。Governmentと政治は同じことか，普通「人民」と訳されるpeopleは「国民」や「市民」とは違うのか。ofとbyの違いは何か。このように，見えているつもりで実は見えていない盲点が隠れていることが少なくない。「知らないこと」を「知る」こと，「見えていないことが見えていな

　7）　詳しくは，佐伯1980年参照。

いこと」に気づくこと。これが本書の目指すことがらである[8]。

　法は，われわれがそれを意識するかどうかにかかわらず，われわれの行動だけでなく精神さえも制約している。言い換えれば，「法に触れずに」生きているつもりであっても，否応なく「触れて」しまっているのである。そうだとすれば，より積極的に「法に触れる」ことが必要ではないだろうか。

◆「なぜ人を殺してはいけないのか」をめぐる4つの問い

　このように考えてくると，「なぜ人を殺してはいけないのか」という問いは，「なぜ」という問いかけの意味（第1章），殺してはいけない「人」とは何か（第2章），「殺す」とはどういうことか（第3章），そして「いけない」とはどういう意味か（第4章），少なくともこの4つの問題に分けて考えてみる必要があろう。その順序に特別の意味はないが，最初の問題は，最も根本的な問題であり，このような問いかけに応えようとする営為の意義に関わる。第2の問いは，禁止される行為の対象がどのように限定されるかという問題であり，第3の問題は，例えば殺人と過失致死のように，1つの行為の意味づけの根拠に関わる。第4の問いは，不法と合法，正と不正，これまで一般に「法と道徳」の問題とされてきたことがらに関わる。最初の問いの意味については，なかなか理解しにくいかも知れない。4つの問いはそれぞれ独立した面もあるので，どこからはじめてもよいのだが，最初の問いは他の3つの問いに関する議論を踏まえなければ，了解してもらえない可能性がある。最後の問いは，法的に問われるべき「責任」に関する問題であり，本書全体と趣旨からして結論に当たる部分である。このことを，〈日本人の法感覚〉に即しながらまとめたのが第5章である。

---

8) 数年前のある授業（法学）の折，授業中に提示したある悲惨な事件について，「こうした事実については聞きたくなかった，知りたくなかった」という反応を示した学生がいた。確かに「知らないでいる権利」の主張もありうるであろうが，この点についても本書通読後改めて考えてもらいたい。

★ *Column 0* 映画『Es』（原題：Das Experiment）

　『Es』はオリヴァー・ヒルシュビーゲル監督の2001年のドイツ映画（日本では2002年公開）で，2010年にはポール・T・シュアリング監督によってアメリカでリメイクされている。

　この映画は1971年スタンフォード大学で行われた心理学実験を元に書かれたマリオ・ジョルダーノの小説『ブラック・ボックス』が原作である。映画の舞台はドイツの大学に設定され，新聞広告に応募した男たちが地下の模擬刑務所で囚人と看守の役を演じるのだが，報酬と取材を目的とする主人公が囚人として参加する。初めのうちは双方とも演技として何事もなく過ごすのだが，ちょっとした衝突から両者の対立が深刻化していく。暴力は禁止されていたにもかかわらず，看守役は看守になりきり，容赦なく囚人役の者たちを侮辱的に扱い，暴力が高じて2人の死者まで出してしまう。看守たちは，囚人だけでなく，実験を行っている博士に対しても暴力をふるうまでになる。

　この実験は，本書（第5章）で紹介しているミルグラムの実験を引き継ぐもので，権威への服従心理を超えて，自らが権威となっていく過程を実証していると見ることができる。日本語版の題名『Es』はドイツ語で，英語のitに当たる言葉であるが，精神分析の用語では無意識的衝動を意味している。フロイトの用語では，「なぜか分からないが，まるで自分ではない何かにやらされているようだ」といった感覚を呼び起こすもの，意識を超えて自我をふりまわす無意識的なものである。フロイト以前の西洋思想にまで遡ることのできる「エスの思想」については，互盛央『エスの系譜』（講談社，2010年）を参照。

　「無意識」というのは決して意識されえないものとされているため，それ自体捉えがたいものであるが，フロイトの文脈では，この力が外に向かえば攻撃衝動となり，内に向かえばタナトス（死への衝動）として自殺に結びつく。フロイトはアインシュタインの問いかけに対して，この衝動がある限り，人間の間の闘争や戦争を完全に阻止することはできないと，悲観的な回答を与えている（『ヒトはなぜ戦争をするのか？　アインシュタインとフロイトの往復書簡』花風社，2000年）。

　この問題は，近代の理性主義，啓蒙主義哲学の伝統に対する重要な現代的挑戦の1つであり，理性的に自律した人間モデルから出発する近代法においても無視することのできない問題を提起しているものと言えよう。「なぜ」という問いと「いかにして」という問いの次元の違いを考えさせる問題でもある。

第1章 「なぜ」という問いの意義

　この問いを考えるに当たって，あるエピソードを紹介することから始めたい。多分小学生の終わり頃に見たものでもう50年近く前だったと思うが，未だに忘れられない（おそらくはアメリカの）テレビドラマがある。詳細は覚えていないが，およそ次のような内容である。ある時，1人の牧師のところに，町の人々が祈って欲しいとやって来る。1人の子どもが地割れの穴に落ちてしまって，救出が困難を極めているというのである。無理に穴を広げようとすると崩れる恐れがあるし，大人が助けに入るだけの空間はないと。この牧師は，ちょうど事故で家族を失い，信仰を失いかけていたところであったため，最初はそれを断るのだが，粘り強い依頼に根負けして最後はその願いに応える。すると，不思議なことにその穴が自然に開いて助け出すことができた。

　奇跡が起きたと，牧師は信仰を取り戻すことになるのだが，しばらくしてまた町の人たちが来て，事情を説明する。子どもが落ちた丘の反対側で地質調査をしていた研究者たちが行った爆破によって地盤が動いたというのである。したがって，これは科学的に説明できることがらであって奇跡ではない，と。ところが，牧師は静かに言う。いえ，これはやはり奇跡です。というのも，なぜあの時に近辺の地質に詳しい研究者たちがいたのか，彼らの計算が正しく，実際に地面を動かすことができたのか，これらの条件がすべてそろっていたのは，まさに奇跡だ，と。

　このドラマを見た当時，私がどのような感想をもったのか，今となっては定かではないが，その後それほど時間が経っていない間に，科学では説明できないことがらがあるということを考えた時に，このドラマの意味が分かったような気がした。簡単に言えば，科学はどのようにして物事が起こるのか，まさに「どのようにしてhow」の問いにはかなりの程度答えることができる。しかし，例えば何10億年か前に「なぜwhy」ビッグバンが起きて宇宙が生まれたのか，

この問いには答えることができない。宇宙ばかりではない。人間や私が今生きているのはなぜか，という問いも，ほとんどの人が一度は考えてみたことがある問いであろう。これが，どのようにして人間や私が発生したのかという問いならば，例えば進化論や生殖のメカニズムを説明することによって一応の答えは出せるが，「なぜ」という問いを発したとたん，いくら精巧な科学理論を展開したとしても，この問いに対する最終的な解答にはたどり着けない。問いの次元が異なるのである。

このような問いは「なぜ」という仕方で問われるものに限られたものでもない。例えば，生きることに「意味」はあるのか，という問いかけも同じ次元の問いと言えるであろう。多くの人は死を恐れるが，自分が存在しなくなることへの恐怖がその理由だとすると，生まれる前，まだ存在していない時を気に病むことがないのはなぜだろうか。存在しなかったものが存在するようになり，やがてまたなくなっていく。そうした変化のもとになるのは時間であるが，その時間とは一体何なのか。「なぜ」という問いは，こうして問いの連鎖を生んでいく。

1　行為の「なぜ」　　目的と理由

◆「なぜ」という問いかけ

日常的な「なぜ」という問いには，いくつかの異なる意味が含まれている。カミュの小説『異邦人』には次のようなくだりがある。「裁判長は，弁護人の陳述を聞く前に，あんたの加害行為を呼び起こした動機をはっきりさせてもらえれば幸いだ，と言った。私は，自分の滑稽さを承知しつつ，それは太陽のせいだ，と言った。廷内には笑い声があがった。」裁判官としては，人を射殺した動機を知りたかったのであり，これが通常の「なぜ」という問いかけの意味であろう。刑事事件では，故意がある場合に処罰対象となるのが原則であるから，当然の問いでもある。常識的に考えても，犯罪には動機があると考え，動機が見当たらない者は容疑者からはずされるのが普通である。ところが，この小説の主人公は，太陽がまぶしかったから，と答えている。「滑稽さを承知し

つつ」と述懐していることから、この答えが質問者の思惑から外れていることを自覚していたと考えられるが、この「滑稽さ」はどこからくるのだろうか。

　われわれが他人の行為について「なぜそんなことをしたのか」と問う時、知りたいのは普通、行為者の「目的」であろう。判決でも一般に、金銭奪取とか怨恨といった動機が語られ、量刑における悪質性判断に大きな影響を与える。これらの場合に動機とされるのは「目的」であるが、金銭と怨恨ではその意味がかなり異なる。行為者本人にとって、金銭奪取そのものが目的ではなく、その金銭によって家族の治療費を払うとか借金返済に充てるなど、最終目的は別にあることが普通であろう。この場合は、行為者が自分にとっての最終目的を実現するための手段となると考えたことから行為の意味を理解しようとしていることになる。したがって、そうした一連の手段─目的関係のなかで1つの犯罪行為はその一部に過ぎず、金銭奪取も行為者にとっては犯罪行為の目的とは言えないはずである。それは未来に生じる効果を想定して行われているのであるから、行為者にとっては、その行為と未来の成果への予想のみが行為の意味である。

　これに対して、動機が怨恨だという場合、過去の体験に基づいて行為がなされる過程が説明されている。この場合も、具体的な行為がなされた時点での一時的な衝動であったか、それとも長年にわたって継続的にもち続けてきた恨みであったのか、行為者にもよく分からない場合が多いのではないか。たとえ後者の場合であっても、行為時の何かの偶然的なきっかけが犯罪行為にまで走らせたと考えることもできる。過去の体験が行為の理由となっているということは、後から自分の記憶を構成しなおすという意味で、これは自己解釈の特殊なあり方と言えるであろう。

　同じように動機として語られる場合でも、このように、少なくともそこに目的動機と理由動機の違いがあることは認めなければならない。[1] 法的責任が問題となる場合には、こうした複雑な行為の「なぜ」に関する意味連関（目的連関と理由連関）の分析はほとんど行われず、法的に問題となる限りでの非常に

1）　シュッツ1982年（特に第2章）参照。

限定された連関しか問題にされない。例えば，裁判員制度の始まった日本で，それまで法や裁判に全く関心のなかった一般市民が初めて裁判に関わる時の戸惑いの1つに，容疑者の行為に故意があったかどうかを問われることがあげられる。判決を下す職業裁判官としては殺意の有無は犯罪成立の正否を決する最も重要な点であるから，裁判員に対してもこの点に注意を促すことになる。しかし，容疑者の供述によれば，被害者ともみ合ううちにナイフが刺さってしまったのであって殺意はなかったというような場合でも，一般市民としては，あったかなかったかという二者択一的な問いに直面する。かなりの部分は成り行きでそうなってしまったと思えても，2度も刺している状況からすると殺す意思があったと考えざるをえない。つまり，戸惑いを抱きつつも，状況証拠からして少なくとも「一瞬の殺意」はあったと言わざるをえないといった，奇妙な結論に誘導される。

　この文脈では，つまり犯罪行為に関しては，何らかの目的をもって意図的になされたかどうかが犯罪成立の鍵になる。だが，行為者の「意図」というのは内面的なものであって，他人の内面を直接のぞきこむことはできないのであるから，実際にどういう意図をもっていたかは原理的には分からないはずである。しかも，それは他人の内面のことだからというだけでなく，行為者本人にも「なぜそんなことをしたのか」とその「意図」を聞かれても，明確には答えられない（分からない）場合の方が多いはずである。[2] なぜ今夜の夕食は焼き肉にしたのか，なぜ昨夜は遅くまで起きていたのか。なぜ毎日電車で会社に通っているか。なぜ今日はいつもと違う服を選んだのか。一応もっともらしい理由はあげられようが，なぜ肉が食べたくなったのか，なぜ仕事を家にまで持ち帰ったのか，電車以外にも通勤方法はあるのになぜ電車なのか，なぜ気分を変えたくなったのか，等々，なぜという問いはいつでもさらに立てることができる。

◆行為の原因を問うこと

　それは，なぜという問いが，自然的因果関係としての行為の原因を問うているのではないからである。故意があったと認定されたとしても，その故意が原

---

[2] 池田・陸田1999年参照。

因となってある犯罪行為が結果として生じたとは言えない。行為の原因としては，恐怖や怒りを引き起こす外的，心的要因については語りうるが，故意とはある行為を「過失致死」ではない「殺人」と解釈する，あるいは再記述するための図式である。また，その意図が目的という未来志向型の動機に関わる場合，過去志向型の原因概念にはそぐわない。行為の理由は後からこじつけてはならず，行為がなされた時点で行為の原因となっていなければならないという観点から，欲求と信念が行為の原因であるとする「行為の因果説」と呼ばれる考え方がある。意図という心的事象に訴えることなく原因を説明できるという説である。しかし，この議論に対しては，欲求（例えば甘いものを食べたい）と信念（目の前にある菓子は甘い）からだけでは食べるという行為は生じず，これらに加えて，やはり意図（この菓子に毒はなく，食べるのがよいという判断）がなければならないという批判がなされる。

また，行為を因果関係で捉えることの問題点としては，たまたま車の前に飛び出して来た人をはねてしまったところ，それは運転者が殺してやろうと意図してその人の所に急いでいたその人だったとすると，運転者の意図が原因で車の事故が起きたと見なさなければならなくなる。「因果関係の逸脱」と呼ばれる問題である。行為の因果説によれば，交通事故と殺人を区別する理由が乏しくなってしまうが，区別する必要はないと考えて同様に扱うことも不可能ではない。しかし，これは一般的直観には反する考え方であろう。因果説的な考え方では，原因と結果がそれぞれ別個に同定できるとしなければならないが，これがなかなか難しい。

刑事事件でもしばしば問題となる「錯誤」の問題を例にして考えてみよう。例えば殺人罪は「人を殺したる」者というのが「構成要件」として刑法に規定されている。同時に刑法には「罪を犯す意思がない行為は罰しない」との規定がある。したがって，結果的に人を殺してしまっただけでは少なくとも殺人罪

---

3) アンスコム（1984年）は，本書の文脈とは異なるが，「なぜ」という問いが受け入れられるような行為を「意図的行為 intentional action」と呼び，行為の原因として行為とは独立して捉えられるような意思と区別している。
4) ディヴィッドソン1990年（特に第1章）参照。
5) 門脇2002年（特に第4章）参照。

には問えないのである。こうした前提の下で、次のようなケースを考えてみる。ある人XがAを殺そうと意図して銃を撃って意図した通りの人に当たってその人は死んでしまった。ところが、実際に死んだのはAではなくBであったという場合、ともかく人に向けて発砲するという意図はあったのだが、それはあくまでAと思い込んだ「錯誤」によるのであってBを殺す意図はなかった。このケースの場合、Xの発砲行為はBの死亡原因とは言えようが、X自身の意図ではなかったのだから、殺人ではなく、せいぜい過失致死なのだろうか。それとも、人違いはあったにしても「人を殺す」意図はあったのだから殺人罪が成立すると考えるべきなのだろうか。

　因果説に立ちながら意図と結果の一致を重視するとすれば、この場合殺人とは言えないはずであるが、「Aを殺す意図」はなくとも「人を殺す意図」はあったと見れば、殺人罪となる。人の死という結果に対して、前者は行為者自身の最終的（未来における）意図を原因と考え、後者は当該「行為において目指された意図」を原因と考えていることになる。しかも、因果連鎖は時系列にそって無限に遡りうるから、原因を特定するためにはさまざまな人為的限定が必要になる。なぜなら、上のケースで、XがAを殺そうと意図した原因が以前Xが受けた侮辱ないし傷害であったとして、その時の加害者が本当はBなのにAだとXが誤解していたとしたらどうだろうか。また、Xが発砲する直前、Aを恨み殺そうとしているXの意図を知ったBが銃を貸していたとしたら、Bの自業自得とも言えそうな事態である。

　上のケースは「客体の錯誤」と呼ばれる問題だが、その他にもまた、「因果関係の錯誤」や「未必の故意」と呼ばれる問題もある。前者は、自分が加えた一撃で相手が死亡したと思い込み、現場に放置したところ、第三者が通りかかって（例えば財布を抜き取ろうとした時に、実は気を失っただけであった被害者に気づかれて思わず）致命傷を負わしたというような場合である。この場合、死の原因は致命傷を負わした第三者の行為なのか、それともそのような状況を生み出した最初の打撃にあるのかが問題となる。未必の故意とは、相手の死を望んだわけでもなく、また確実に結果を予測できたのでもないが、もしかすると死亡するかも知れないという程度の認識があった場合にも「故意」が認められる場合

である。例えば，泥酔した人を海岸に放置したために波をかぶって溺死したような場合である。この場合も，死亡原因はいくつかの条件がかさなって生じた可能性があり，死ぬかも知れないという状況に相手を追い込んだ事情も不可抗力にすぎないということもありうる。

　これらの場合，原因と結果を物理法則のように判定することは不可能であるが，そもそも，意図にしても行為にしても，1つの意図，1つの行為として明確に他と区別して分節することは難しい。実際，例えば昨日一体いくつの行為をしたのかと聞かれて明確に答えることなどできないはずである。このように，行為を因果関係で捉えることはできない。少なくとも特定の因果関係を他の因果連鎖と区別して特別視する場合には「なぜか」という問いを免れることはできない。行為については，その他さまざまな議論がある（行為論）が，ここでは「なぜ」という問いの意義を示すことを「意図」しているので，行為に関する詳しい議論は参照文献に譲りたい。[6]

◆行為の意味

　だが，次節の問題との関連性を示すためにも，若干の捕捉をしておきたい。人間の行為の意味が問題になるのは，一般には「責任」が問題になる場合である。もちろん，法的，政治的，倫理的等，責任にも多様なものがあるが，人間は動物と違って自らの行為に何らかの責任を負わなければならないことが前提とされているからである。その際，古来人間にのみ「自由意志」があるがゆえに，その「自由」においてなした行為には責任がともなうとされてきた。もしも人間の行為も自然的法則にしたがった必然的なものであるならば，これほど行為が問題にされることはなかったはずである。ところが，この「自由」というのがまたくせ者であり，日常「自由な行為」として意識的になされる行為はごく限られている。酒が飲みたいとか旅行したいと思ってもまず先立つものがなければならないし，酒といってもたいていは既存のものしかない。旅行にしても，必ずしも行きたい所に行けるわけでない。このように，自由な行為と思

---

[6] 例えば，オースティン（1978年），九州大学哲学研究室編（1983年），ウィンチ（1987年），ヴァルデンフェルス（1987年），カウルバッハ（1988年），黒田亘（1992年），高橋由典（2007年），サール（2008年），門脇俊介・野矢茂樹編（2010年）などがある。

われるものも，現実にはさまざまな制約があるため，ほとんどは定型化，慣習化した行為でしかないのである。空想的な思いを抱くことは確かに自由であって何ら制約はないと思われるかも知れないが，これとてさまざまなストレスを抱える現代人には，これすら自由になるとは言えないのが現実である。したがって，現実的に考えれば考えるほど，自由などというものは幻想，あるいはあえて誰かに責任を負わせるために捏造された概念にすぎないのではないかとさえ思えてくる。

　そこで，現実に即して，ということはつまり具体的な経験に即して考えようとすると，一人一人の自由な行為という発想を転換して，人間の行為は最終的には，現実の快／不快の感覚に動かされているという功利主義的な考え方が出てくる。あるいは，マルクス的にいえば，自由と感じる人間の精神もその時々の経済構造（という存在）に規定されるという考え方や，フロイト流に自由な発想と見られるものの根源には性的欲望に支配された隠れた無意識が働いている，といった考え方も生まれてくる。

　これらも基本的には「なぜ」という問いに導かれて出てきたものと言えようが，そのなぜという問いの性質が異なる。そこで，次節では，行為に関する「なぜ」という問いに対するいくつかの回答を見ていきたい。

2　義務論　　道徳的な「なぜ」

◆行為とは何か

　行為とは何か，ということが問題になる理由の1つに，出来事との違いに関する問いがある。歴史学者も哲学者も，出来事も行為も同じように見て時代の推移を記述しようとする。戦争や革命は人間の行為であるはずだが，後世の人々は歴史的出来事として語るのが普通である。同時代の人々にとっても他人が行った行為は出来事として体験される。それはなぜだろうか。出来事が出来事として体験されるのはどういう場合かを考えてみると，少しはその理由が分かるのではないか。日常生活がルーティン通りに経過する場合，さまざまな行為がなされ，いくつかの出来事も起こっているはずだが，特に何もしなかった

し，何も起こらなかったとされる。必ず日々少しずつ何かが変わっているはずだが，普通はそれに気づかれないだけである。すると，行為も出来事も，体験する人にとってそれが意識されるほどの変化を引き起こす場合に，出来事や行為がなされたと感じられるのではないか。しかも，多くの場合，それらが何らかの仕方で記述される場合にその変化に気づかされる。

とすれば，問題はその「変化」にあることになり，出来事とは何かが変わることであり，行為とは何かを変えることだと言えそうである。そこで思い出されるのは，先にも触れたマルクスの言葉である。彼のメモ「フォイエルバッハに関するテーゼ」の11番目，「哲学者たちは世界をさまざまに解釈したに過ぎない。大切なことはしかしそれを変えることである。」というのは大変有名であるが，第3テーゼには，「環境の変更と人間活動の合致は，ただ変革的実践としてのみ，把握されかつ合理的に理解される。」とある。あるいはまた，「人間の本質とは，現実には，社会的諸関係の総和である。」（第6テーゼ），「社会的生活は本質的に実践的である。」（第8テーゼ）とも言われている[7]。実践による変革こそ重要だという指摘である。

では，なぜ実践的変革が重要なのだろうか。マルクスにとらわれることなく，考えてみよう。まず一般的に言えることは，人間は時間のなかに生きているがゆえに，絶えず変化せざるをえないという必然性の下にある。しかも，幸か不幸か，人間はその変化を意識する存在であるがゆえに，すべての変化を無条件に受け入れることができない。人間以外の動物や機械にも「意識」はあるか，という問題については，次のように考えて先に進みたい。動物や機械も環境の変化に対応する，あるいは対応しようとしているように見える行動はあるにしても，それはやはり受動的なものであって，自らの行為によって環境を変えるということはしていない。それは程度問題だと反論されるかも知れないが，先に述べたように，人間においても気づかれない変化やそれと気づくことなく起

---

[7] エンゲルス1960年（傍点は原著のママ）。もう1つ引用しておくと，マルクスによれば，「古い唯物論の立場は『市民』社会であり，新しい唯物論の立場は，人間的社会あるいは社会化された人類である。」（第10テーゼ）。マルクスがいわゆる「ポストモダン」の1原点であることを示唆するテーゼであるように思われる。

こしてしまう実践的変革もあることから,「気づかれる」という点で一応の区別はできる, と。

◆行為の主体

おそらく,動物や機械と最も大きく異なる点は,人間の場合,世界に変化をもたらす行為の善悪が問題になることであろう。ある種の行為は賞賛され,ある行為は非難される。そうした賞罰に限らず,何らかの意味づけがなされ,評価の対象となることである。言い換えれば,人間の行為には何らかの指導原理が求められるということである。普通それは,道徳と呼ばれる。つまり,行為することによって世界に変化をもたらすとすれば,どのような変化をもたらすべきであり,どのような変化をもたらしてはならないのかに関する指導原理のことである。しかも,そうした評価が下せるためには,諸々の変化をバラバラなものではなく,統一的に1つのものの変化として把握することができなければならない。そしてそのためには,変化を引き起こしつつ自らは変化することのない何ものかが想定されなければならない。すべてがバラバラに動いているだけだとしたら,それがどのような変化であるかを見分けることさえできないはずだからである。

だが,この何ものかが何であるかについては,見方が分かれる。その1つは,すべての変化の基体として常住不変の実体に求める考え方である。行為が単なる物理的な力の偶然的な連鎖(無限の因果関係)の一部として起こるとすれば,行為に先立つやはり偶然的な作用(原因)があることになるが,何が原因かは結果としての行為によってしか説明されない。例えば,力といったものを,それが生み出した結果である加速度によって説明しようとすると,その加速度はまたその力によって規定されるという循環が生じてしまう。この循環を避けるために,その背後に何も想定できない(それ以上遡って原因を規定することのできない)行為の自立的原因を主体(因果性の主体)に求める考え方である。

その典型的な表現は,カントの次のような記述に見ることができる。すなわ

---

8) この点についてはさらなる説明が必要であろうが,とりあえず,ベイトソンの言葉をあげておきたい。「精神は差異の知らせしか受容できない。そして正にそれゆえに,緩慢な変化と静止との区別がうまくできない。」(ベイトソン2001年;133頁)

ち,「因果性の法則によれば,行為(ないし作用Handlung)はつねに諸現象の一切の変化の第1根拠であり,したがってそれ自身変化するような主体のうちにはありえない。さもないと,その変化を規定する別の行為と主体が必要になる。」[9] つまり,行為のうちには多様な現象を統一的に把握する力が作用しているということであり,「我思う」ということがあらゆる表象にともなっているのと同じ様に,「我行為す」という意識がなければ,客観的な行為の統一性もありえないということである。[10] したがって,ここで考えられている不変の実体=主体とは,経験的に変化する感情や心理のことではなく,そうした変化を語る際に前提せざるをえないもの,いわば変化の総体とでも言うべきものである。個々の具体的な経験内容からは超越しているという意味で「超越論的主体」とも言われる。

このような主体とは,具体的な状況によって変わりうる行為の評価に影響されず,恒常性,不変性を保っているはずのものである。したがって,この主体からすれば,「行為といわれるべきものはすべて,その行為がその他の現象とともにあるところの時間関係を顧慮することなく,純粋理性の叡智的性格が直接に生じせしめたものであり,……時間的にその行為よりも前にある外的あるいは内的な根拠によって自然的原因の連鎖のなかで力学的に規定されることはない」[11] のである。こうして,行為主体は,物理的因果関係に支配された必然性の世界にではなく,「自由の世界」にあるとされる。しかも,この意味での自由な行為者は,具体的に変化する状況に左右される受動的な存在ではなく,状況変化に対して態度をとる主体として,自己目的として互いに並存している。

したがって,この超越論的行為主体は経験的な特殊性をもった個別主体ではなく,並存する主体間の共同性をはじめから含意しているために,そこでは「我行為す」から「我ら行為す」への移行が成り立つ。この共同性は,互いに手段となるような偶然的な関係ではないのであるから,そこでの行為は,それによって引き起こされる結果(因果的効果)や経験的な関心の充実(自己実現)とか物

---

9) カント1961年(上)281頁。ただし,訳語は若干修正している。
10) カントの「行為論」について,詳しくは,カウルバッハ1981年参照。
11) カント1961年(中)224頁。

質的有用性によって評価されるものではない。それゆえ、この行為者が従うべき行為指導の原則（道徳）は、経験的に示される具体的な原因や目的ではなく、純粋理性とされる。そして、この超越論的主体の作用である理性は、時間、空間に位置づけられるような力学的法則によっては規定されず、その理性が命じる「べし」は、具体的に規定しうる目的ではない。カントのいう理性の規則と秩序は、自然的秩序とは全く異なるものなのである。

◆自由と道徳

　カントによれば、「行為のあらゆる道徳的価値の本質をなすものは、道徳的法則が直接に意志を規定することであり、意志が道徳法則に一致しても、……道徳法則のために起こったのでない限り、その意志によって引き起こされた行為は合法性をもつとしても、道徳性をもつとは言えない」[12]のである。この場合、道徳法則が直接意志を規定する根拠となるということは、経験的に生じる感覚的衝動や自愛、自尊心といったものに左右されない「自由意志」が想定されるということと同じことを意味する。したがって、「自由は道徳法則の存在根拠であり、道徳法則は自由の認識根拠である」[13]と言われる。この場合、純粋理性の根本的な道徳法則とは、「汝の意志の格率が常に同時に普遍的立法の原理として妥当するように行為せよ」という命令の形で示される。「純粋」という表現は、まさに経験的な内容を含まない形式を表わしており、「もし……であれば、……せよ」という仕方で具体的な仮定を含んでいないという意味でもある。したがって、上の道徳法則は、具体的な状況に依存しない普遍性をもつ無条件的命令とされるのである。

　これは具体的な行為の場面ではどのようなことを意味しているのだろうか。困った事態から逃れるために嘘をつくことは許されるか。困った事態としては、明らかに殺人者が殺す目的で友人の居場所を訪ねた場合、主人に命じられるままに嘘をつくことなど、カント自身のあげる例を翻案してしばしば引き合いに出される。目的が正しければ手段としての嘘は許されるか（嘘も方便？）、あるいは自分の属する組織を守るための嘘は正当化しうるか（義務の衝突）、と

---

12) カント1959年；107頁。
13) 同上12頁。

いった問題に当たる。最近の大震災，原発事故に際して問題とされた事例に即してみれば，住民のパニックを防ぐために情報を公開しないことは認められるのか，といった問題にもつながる。

　これらの問題に対して，カントは，嘘をつくことは他人を傷つける場合以上に自分自身の人格における人間性の尊厳を傷つけるという意味で，人間の義務の最大の毀損に当たると言う[14]。すでに述べたように，道徳の基本法則は普遍的でなければならず，具体的な状況に応じて変えることはできないからである。したがって，殺人を防止するためとか，組織の安定と秩序を守るためといった個別的な理由で例外をつくることは許されない。そうでなければ，「もし……ならば」といった仕方であらゆる事態を想定した原則がなければならないが，そのような具体的個別事例全てに対応する原則は不可能なのである。具体的な事例の扱いについては，よかれと思ってなされたことが悪い結果を生むかも知れず，そうした経験的な因果関係と道徳法則は切り離されなければならないのである。実際，嘘をつくことを普遍的な道徳法則とすることはできない。

　したがって，先にあげた具体例の場合も，殺人の防止とか組織の維持，社会的秩序の安定のためといった，それ自体として正しい目的のためになされた嘘が必ず良い結果をうむとは限らないのであって，そのときの事情によっては正当と見なされる目的のために普遍的な道徳法則をまげることは許されないということになる。嘘のない誠実な行為であっても，道徳法則に基づく義務のためになされる場合と，何らかの不利な結果を避けるためになされる場合とでは全く別の事柄なのである。また，「行為の功罪の評価は経験的な性格によってしかできないが，功罪のどれだけが自由に基づく純粋な結果であり，どれだけが単なる心性なり，気質的欠陥なり，幸福な性質なりに帰せられるかは，誰も究明することができず，完全に公正な判定を下せるものではない」[15]。

◆なぜ道徳的に行為しなければならないのか

　なぜ道徳的に行為しなければならないのか。この問いに対して，具体的な結果や状況に応じた正当化の文脈とは異なる無条件的な義務によって直接に意思

---

14)　カント1969年：339頁。
15)　カント1961年（中）223頁。

を規定する道徳法則を尊重する。こうした考え方は，ギリシア語で義務を意味するdeonという言葉と学問logosとを結びつけて義務論（deontology）と呼ばれる[16]。これは，現代のリベラルな正義論にも見られる考え方である。というのも，ロールズの「無知のベール」の下で選択される正義の原理というのは，まさに具体的な現実的状況から距離をとって，どのような状況におかれたとしても選択されるべき普遍的な原理だからである[17]。あるいはまた，刑罰について，犯罪者の更正とか社会防衛（犯罪防止）といった目的論的発想を斥けて，あくまで道徳法則への違反を根拠とする考え方の基本にあるのも，こうした義務論的な考え方である。

　このような議論に対しては，まず，その形式性に関する批判が考えられる。つまり，現実にはさまざまな道徳的義務の対立が生じるが，その場合の具体的な解決策を提示することができないという論点である。例えば，一般に「トロッコ問題」（5人の命を救うために1人の死を容認することができるかという問題）といわれる道徳的ディレンマについて，人の命を奪うことは普遍的道徳法則とはなりえないのであるから，義務論の立場では，これは解決不可能な問題である。だが，この問題は，道徳的義務論からすると，おそらくはそもそも道徳問題ではない。というのも，ここでは数量的に計りうる利益が問題となっているからである。利益が問題となるときには，すでに義務論的道徳とは異なる，というよりも道徳的に行為すること自体愚かなことと思われるようなことがらが問題として浮上してくる。その場合には，道徳を行為の指導原理と考える点に義務論の誤りがあると指摘されることになろう。

　現実的な利益ないし効用という観点が導入されると，行為に関する「なぜ」という問いも変質せざるをえなくなる。また，カントの義務論では，人間が外的な諸状況に影響された偶然的傾向性から「自由」であるために，経験的因果関係とは異なる因果性（行為者が主体＝行為の原因）がなければならないとされ

---

16) この用語を最初に使ったのはベンサムであり，"Deontology or the science of morality" という文脈であった（1834年）と言われているが，義務論的倫理を体系化したのはそれ以前のカントである。
17) ロールズ2010年。

たのだが，その場合の「人間」とか行為主体としての「理性」とは，経験的な内容を捨象された「叡智人」であり，「純粋」な形式的理性の世界にあった。ところが，そのような次元から一旦経験的世界におりてくると，「人間」は具体的にさまざまに異なる性格や欲望をもった「個人」となり，「理性」も広い意味での自己利益を計算する理性となる。

　すると，それはもはや道徳的な問題次元を離れた経済的あるいは政治的な領域，すなわち道徳外の問題とも見えてくる。そこでは，道徳などには一切頓着せず，ひたすら自分自身の利益を追求することが当然とされる。理想的には他の誰にも邪魔されずに自らの利益を追求できるだけの超人的な力や才覚があればよいのだが，現実にはそうはいかない。ホッブズが述べているように，経験的な意味での具体的な人間の能力の違いは程度の差でしかなく，個人が自分の利益だけを追求すると，その分だけ他人の利益追求は妨げられてしまう。それでもなお自己利益だけを追求する人は，他の人々によってさまざまな仕方で排斥される。そこで，多くの人々は妥協し，慣習としての道徳や制定された法律に従うことで得られる現実的な利益で満足しようとする。すると，人々の利益追求には経験的に把握可能な実定道徳や実定法による大きな社会的制約が課せられる，そうした制約があることがかえって人々にとって利益をもたらすと考えられるようになる[18]。

◆デュゲスの指輪

　ところが，もしもそうした制約を課す社会的枠組みがなかったら，あるいはそれは結局一部の人々の利益のために作られたものに過ぎず，すべての人々の利益に資するものではないとしたら，少なくともそのような制約に「無条件で」従うことは愚かなことになるのではないか。このような問題を提起した者として知られているのは，古代ギリシアのプラトン『国家論』(第2巻)に登場するグラウコンである。彼は，「不正をなすよりも不正を受けることの方が人間として正しい生き方だ」と説くソクラテス(彼はカント的義務論の先駆者と見なされる)に対して，次のような疑問を提起する[19]。

---

18) ホッブズ1973年。
19) プラトン1969年：112頁。

魔法の指輪（デュゲスの指輪）をはめると，その人間の姿は見えなくなって，どんなに悪事を働いても罰を受けることがない，そんな指輪をもっている人がそれでもなお，そうした悪事を働くことがないことに気づいた人たちは，その人をどう思うか。自分に悪事を働かれるのを恐れて彼を褒めるかも知れないが，本音のところでは「哀れな愚か者」と考えるのではないか，と。つまり，個人的には不正を働くことの方が，正義を守るよりも得になる証拠だということである。このような問いかけに対して，プラトンの書物では，姿を見られないとは，悪事がばれることなく他人には正しい人と見られることであり，「完全に不正な人」とは弁論の能力などを通じて正しさの点で最大の評価を確保できる人のことだという議論となり，そうした他人との関係から国家（社会）における正義の話につながっていく。というのも，共同体においては，（カントも認めていた通り）道徳的に正しい行為が結果的に（共同体の成員や共同体全体にとって）悪い結果を生み，道徳的に問題とされる行為が良い結果を生み出すことがありうるからである。だが，グラウコンの主張の根底にあるのは，道徳を具体的行為の指導原理とみなす考え方への挑戦なのである。

　そこで，具体的な共同生活を視野に入れた上で，なぜ道徳的行為が求められるかという問いを考えてみると，結局，義務論に見られるような行為主体の意志に直接作用する普遍的な法則ではなく，そうした法則に従うことで得られる評判（＝社会的利益）という効果が問題となる。その場合でもなお，行為を指導する原理として道徳を考えるならば，行為の目的とは何かを考える必要が出てくる。それに答えようとするのが功利主義である。

3　功利主義　　目的に関する「なぜ」

◆行為の目的

　近代功利主義思想の創始者とされるのはイギリスのベンサムである。彼によれば，「われわれが何をしなければならないかを指示し，何をするかというこ

とを決定するのは，ただ苦痛と快楽だけである[20]」。これはまさに，義務論とは対照的な行為論である。義務論は，行為が単なる出来事と区別されるために，物理的因果関係によって規定されることのない自由意志を要請し，その自由意志が成り立つために，時間的前後関係を超えた道徳法則に自ら従う純粋な行為主体を想定した。これに対して功利主義は，行為を導く原理を行為の結果もたらされる広い意味での利益＝幸福に求める。義務論が行為の（正しい）動機を重視する立場だとすると，功利主義は行為の結果を重視するのであるから，結果主義ないし帰結主義とも呼ばれる。しかも，現実に生きた個々人の具体的な共同体を前提とするために，そこで求められる普遍性は共同体成員の「最大多数の最大幸福」となる。つまり，功利主義において道徳的な行為とは，社会全体の幸福度を増大させることにある。

　また，別の観点から見ると，功利主義は，行為にはすべて何らかの目的があると考える点で目的論でもある。しかも，道徳論としては，利益を各個人，各階層によって異なる相対的なものとはせずに，すべての個人に対して認めうるものとしなければならないから，一見異なるように見える各人の利益にも共通する目的があることを論ずる必要がある。それが，苦痛の回避，快楽の追求である。カント的義務論が自由な行為が成り立つために必要とする純粋理性の担い手としての超越論的主体が抽象的で理解しにくいとしたら，功利主義が行為の原動力と考える目的としての快楽に共通性があるという考え方にも同様の抽象性が感じられるであろう。快楽や苦痛というのは感覚的なものであり，人によって求める快楽は，質，量ともに異なると考えられるからである。

　ところが，ベンサムの言う快楽と苦痛は感覚的なものではない。さらには，快楽と苦痛が区別されるだけでなく，反感や共感に基づく道徳感情をむしろ積極的に排除する点に功利主義の特徴がある。その点で，功利主義の原語であるutilityに注意する必要がある。この言葉には「公共料金」といった意味もあるように，個人的な好悪の感情ではなく，また，行為を導く行為者自身の意志をも離れた，それ以外の何かに役立つ（効用）という意味がその基本にある。そ

20）　ベンサム1979年；81頁。

の何かとは、一言で言うならば、「公益」ということになる。ベンサムの場合、この公益は共同体を構成するメンバー全員の幸福度を平等に扱うことで、全体の利益と個々人の利益とが最終的に一致すると考えられ、そのための方法（全体としての快楽と苦痛の差し引き計算）も可能であるとされる。

その点で、功利主義は、各人の自由な私益の追求が結果として全体の幸福を増大させるとするスミス的な意味での自由主義、市場主義とは異なる。確かに、幸福度を量的に計るということは、確かに（トロッコ問題のような）現実的な社会問題解決に資する面がある[21]。とはいえ、（どのような生き方が正しいかといった）道徳的な意味での幸福、つまりは質的な幸福については論じることができない、というよりその問題は排除されてしまう。しかもまた、功利主義の難点としてしばしば指摘されてきたように、功利主義の考える幸福は全体的なものであるから、個人の幸福は手段視され、特に社会のなかの少数者を排除ないし犠牲にすることが許容されてしまう傾向は否定できない。

◆ミルの功利主義

そのことは、ベンサムを引き継いだミルの功利主義によって確かめられる。彼は、ベンサム的な量的幸福計算に対して、質的な幸不幸の違いを加味している。彼は、感覚的快楽よりも精神的な快楽により大きな価値があるとして、次のように述べている[22]。「ある種の快楽は他の快楽よりもいっそう望ましく、いっそう価値があるという事実を認めても、功利の原理とは少しも衝突しないのである。ほかのものを評価するときには、量のほかに質も考慮されるのに、快楽の評価にかぎって量だけでやれというのは不合理ではないか」と。有名な「満足した豚であるより、不満足な人間であるほうがよく、満足した馬鹿であるより不満足なソクラテスであるほうがよい」という言葉も、この文脈で言われたものである。

このように社会全体で求めるべき快楽に質の差を認めると、その基準によっては、「低級な」快楽を求める人々の幸福は簡単に無視されるか、抑圧される

---

21) この点を中心に経験論と功利主義の哲学的意義を強調するものとして、一ノ瀬2010年がある。
22) ミル・功利主義論1979年；468-470頁。

可能性が生まれてくる。実際に現在のアメリカや日本でも，テロや犯罪への恐怖心から，個々人の自由や平等よりも「安全」や「予防」が優先される傾向がある。これはまさに，個々人の自由や平等な扱いよりも社会全体における「安全」という快楽がそれに対して脅威となると思われる他の快楽を押しのけている事態だと言えよう。しかも，ミルの場合，この快楽の質の差がどのように判定されるかといえば，2つの快楽を経験的に知っている人々の意思表示であり，それ以外にその違いを判定する基準はないとされる。ということは，結局その都度の人々の感情的世論調査によって判定されるということになり，現在多くの人々が「望んでいる」以上，各人の自由を保障することよりも安全対策の方が「望ましい」ということになりそうである。

　しかし，ここには当然いくつかの問題もある。1つは，後に「自然主義的誤謬」として批判される論点である[23]。ムーアの用語としては，善という単純観念を，経験できる何か他のものによって定義しようとすることの誤りを指す言葉であるが，広くは「事実（ある）から規範（べし）を導くことはできない」という，いわゆる「ヒュームの法則」と同一視される。ミルは，実際に人々が「望んでいる」あるいは「望みうる」という事実から「望ましい」と言う判断が導かれるとしているが[24]，質的な差異を認めるとすれば，各人が各様に「望んでいる」多様な「望ましさ」のうち何をより望ましいとするかが論じられなければならない。ミルによれば，各人は他人を害さない限りその行為は自由であるべきであり，他人や社会，国家がこれに干渉すべきではない（危害原理）。そして，「他人のある行為を愚かしいとか間違っていると考えたとしても，それが自分に危害を加えない限りそれを妨害することはできない」と言う[25]。いわゆる「愚行権」と呼ばれるものだが，そうだとすると，快楽にどのような質的な差を認めるかも人によって異なることになる。

　このような価値相対主義を導きそうな功利主義は，危害原理が示しているように，他の人あるいは仲間の存在を前提している点で社会的な観点であること

---

23) ムーア 1973年。
24) ミル・功利主義論；1979年 497頁。
25) ミル・自由論；1979年 228頁。

31

は明らかであるが，そこで想定されている「社会」ないし共同体の範囲が問題となる。全体にとって望ましいことをすることが正しいことだというのが功利主義の原点とも言うべきものだが，その場合の全体とはどの範囲を指すのだろうか。顔の見える身近な「仲間たち」，あるいは「国家」を構成する「国民」，それとも人類全体なのか，それぞれの仲間内でのみ妥当する原理だとすると，その外側との関係はどうなるのか。最も広く人類全体を考えたとしても，その外側には動物や植物，自然物があり，これらをいかに傷つけても他人を侵害したことにならないのか。現代から見ると，愚行権の行使（例えば過度の飲酒や危険な冒険）や自然破壊も，もはや他人を侵害するものでないと言えないことは明らかであろう。

◆規制功利主義

　第3に，功利主義は，一見すると行為を導くべき正当な原理を求めているようにみえて，実は個々の行為の問題次元から離れて，ある種全体にとっての善を求めていることから生じる問題をかかえている。というのも，行為者が知らずに，あるいは共同体のためにという善意をもってなした行為も全体にとって害悪をもたらすと多数派が判断してしまえば，処罰や非難が加えられる可能性が大きいからである。

　このようにみてくると，功利主義の原理は，個々人の行為を導く原理というより，より善き社会を構成するための原理であり，個々の行為自体の善悪を問題とするのが道徳であるとすると，道徳の外に目的を設定する原理と言えるであろう。もちろん，道徳ということばはその都度ある社会に広く共有される行為規範という意味での「実定道徳」ないし「社会通念」としても通用するから，この意味での道徳と功利主義は結びつきうるが，そうだとすると，功利主義の主張に本来含まれていたはずの普遍性要求は弱いものになる。

　そこから，功利主義にはいろいろな変種が登場してくる。つまり，ベンサムやミルといった古典的功利主義者は，あくまでも行為の道徳性の判断基準として行為が他者や社会に及ぼす結果を重視する（行為功利主義）のに対して，功利主義の原理を行為以外のものに適用しようとする考え方である。結果だけから行為を評価しようとすると，トロッコ問題に見られるように，1人を殺して

5人を助ける行為も正当化されることになるが，この論理だけだと，健康な1人を殺してその臓器を病気の5人に移植すれば，差し引き4人の幸福度が増すことになり，そのような行為も正当化されるという，いかにも直観に反する事態が生まれてくる。

このように，全体としての結果がよければ少数の人間を殺すことも正当化してしまうような理論は，個々の行為の結果，しかもその場限りの結果を重視することから起きる問題であって，「人を殺してはならない」といった規則を遵守する方が空間的にも時間的にもより広い範囲での高い幸福度を実現すると考えれば，功利主義はそうした規則をすべての人が遵守することを要求できるのではないか。このような考え方が，古典的な行為功利主義に対して「規則功利主義」と呼ばれる立場である。この立場に対してもさまざまな批判がありうるが，この規則を厳格に適用しようとすると，戦争はもとより死刑も否定されることになり，結果から考えると規則が遵守されるべき場合以外の例外的な状況をどう考えるかが問題となろう。許容される例外が多ければ，原理としての資格に疑問が生じる。しかも，結果というのは，行為がなされる時点では単なる予測であって，確実なものではないことはカントの義務論が指摘していた通りである。また，長期にわたる結果から判断すると，例えば，過去に行われた戦争が原因となって現在の豊かさが築かれたのだといった仕方で，無謀で理不尽な殺人も正当化されてしまうことにもなろう。[26]

◆選好功利主義

そこから，もう1つの功利主義バージョンが提唱されることになる。それは，「選好功利主義」と呼ばれるヘーアの考え方である。彼は，日常的な言語の使われ方についての分析から，行為を導く価値判断は命令法によって表現されると言う。例えば，「私はXをなすべきである」という判断には，「人々が認めている基準に従うためにXすることが私に要求されている」という社会的事実に

---

[26] 例えば，アウシュビッツで殺された「ユダヤ人」たちをイエス・キリストと同じように人類のために命を落とした犠牲者として弔おうとしたキリスト教徒に対するユダヤ人たちの反発などを考えてみればよい。これについては，高橋哲哉1996年，参照。日本でも，かつての戦争こそが今の繁栄の基礎をなしているといったことが言われたりもする。それによって，犠牲者であるはずの将兵が英霊に祭り上げられもする。

ついての言明と「Xをなすべきだという感情が私にある」という心理学的事実の言明も含まれているが，これらと「私はXをなすべきだ」という価値判断とが異なるのは，前二者の場合は「だから私にXさせなさい」という命令を拒否することも可能だが，価値判断として言われている場合，その判断に同意している以上，この命令にも同意しなければならない点にある[27]。この命令ないし指令に同意しているということやそうした指令を発することは，そうする人の「選好 preference」を表わしており，その選好を最大限充足するような行為が道徳的に正しいという意味で，「選好功利主義」と呼ばれるのである。

だが，こうした選好と個々人が抱く心理的な義務感との違いは必ずしも明確ではない。そこで，ヘーアは，道徳的価値判断の場合には普遍化可能性が必要だと言う。つまり，それが道徳的判断であるためには，特定の個人や特定の状況についてのみ同意するのではなく，同じ状況にあって先のような命令を発する者が異なっても，同じように同意できなければならないということである。彼の言う普遍化可能性とは，要するに，道徳的価値判断に同意（選好）する場合，それに基づいてなされる行為の結果がたとえ自分に不利だと予想されても，その同意を撤回することはできないということ，いわゆるダブル・スタンダードの禁止である。

道徳的判断において特定個人や特定の状況を理由にすることを禁止する普遍化可能性原理は，正義の原理とされることもある[28]。すなわち，正義は特定の個性ゆえに成立する愛などの他の道徳的価値と異なり，個体性を理由とする正当化を拒否する点に，その基本的な特徴があるというのである。したがって，さまざまなエゴイストは正義原理と対立する。たとえ自己犠牲をいとわない利他主義者であっても，自己と他者とを区別して犠牲となることを自己にのみ要求する点で「正のエゴイスト」であり，道徳的には高く評価されることがあるとしても，自己利益ばかりを追求する「負のエゴイスト」同様，正義の要求にはそぐわないというのである。

---

27) ヘーア1982年；223頁。他に同1994年をも参照。また，山内1991年には詳しい解説がなされている。
28) 井上達夫1986年。

だが，このような意味での普遍化可能性が成り立つためには，道徳的義務論が基盤とするような，具体的経験から距離をとった超越論的な次元が必要であろう。ヘーア自身が述べているように，「生身の他人が置かれている具体的な状況に関しては（その状況がどのように彼の心を捕らえたのかという，それ次第では話が全く違ってくるかもしれない要因を含めて）我々はすべての事柄を知ることができない以上，他人の状況が我々自身の置かれた状況に酷似していると想定するのはもとより，有意な点において似ていると想定することさえも，まずたいていは傲慢となってしまう[29]」からである。

4 存在論　人間存在に関する「なぜ」

本章では，行為を理解しようとする際の「なぜ」という疑問から始めて，特に行為が道徳的に問題とされる場合の義務論的立場と功利主義の考え方を見てきた。単純化して言えば，義務論は行為それ自体の道徳性を問題とするのに対して，功利主義は行為が他者や社会にもたらす影響，結果を問題とするものであった。義務論は，経験的に確認できる因果関係には左右されない行為の原因として人間の自由意志を重視するために抽象的となり，具体的な道徳的ディレンマの解決には少なくとも直接には役立たないという欠陥があった。功利主義は，何らかの共同体を重視するために，しかも計量的に幸福度を測るという点で道徳的ディレンマに対しても何らかの解決策を提案できるという利点があるものの，具体的な状況や少数者への配慮に欠けるという問題があった。特に現代にあっては，義務論についてはその基盤とする自由意志の担い手としての「超越論的主体」の成り立ちについて疑問が提起されているし，功利主義についてはいかなる範囲の共同体を考えるかが焦眉の課題であると言えよう。

◆存在論的な問題地平で考える

このような問題を克服しようとするとき，さらにどのような「なぜ」が提起されるであろうか。つまり，両者のどこに，こうした問題の生じる根があるの

---

29) ヘーア1982年；76頁。

だろうか。それを，両者の人間観，より正確に言えば，人間存在のあり方に関する捉え方に探ってみたい。義務論が前提とするのは，主体的自由をもった存在としての人間，言い換えれば「人格的存在」であり，功利主義の前提となっているのは，「社会的存在」としての人間である。「人格」も「社会」も実は非常に捉えがたいものであるが，その捉えがたさが際立ってくるのは存在論的な問題地平に立ってみた時である。

　本章冒頭のエピソードに見られるように，あるいはまた今回の大震災においても実際にあった事実として，命に関わる災難に遭遇して助かる人と助からない人がある。この違いはどう考えたらよいのだろうか。自然災害や自動車事故や飛行機事故に遭遇するかどうかは偶然または運であって，道徳的考慮の外の問題と考えるべきだと言われるかも知れない。しかし，車や飛行機の事故が人災であることはもとより，自然災害であっても必ずしも人為と無関係の天災とは言えない。しばしば「想定外」という言葉も聞かれるが，多くの場合危険性が警告されており，天災と人災との区別は，結局その時々の多数の人々の常識に依存している。例えば，現在問題となっている地球環境破壊とはもっぱら大気汚染の問題であって，地下で起こる地震とは全く無関係だというのが一般的常識であろうが，確実にそう言い切れるかどうか分からない。

　原発事故の賠償責任をめぐる議論においても，「原子力損害の賠償に関する法律」第3条の解釈について，事業者が責任を免れうる場合として規定されている「異常に巨大な天災地変又は社会的動乱」とは，隕石が落ちてきたような場合に限られるとされている。巨大隕石が地球に衝突するとか，まさに日本沈没にいたる程の天変地異でない限り，人災と認定されているわけで，人知を超えた全くの自然災害というのはほとんど例外的なものとされているのである。社会的動乱が何を意味するか，これも確かではないが，政府が機能しなくなる，したがって司法的損害賠償の手続きさえ取れないような場合が想定されるのであって，戦争についてはすでに国の賠償責任が認められている。地震を初めとする自然災害についても，それが起こった場合の対策や情報伝達，人々の危機意識の欠如も，もちろん災害ならびに被害拡大の原因として責任が追求されるが，それらを引き起こす自然的メカニズムにさえ人的責任が問題になりうるの

である。環境問題について言えば，現在および将来の環境破壊に対して，一体誰が責任を負うべきなのだろうか。特定企業なのか，環境に悪影響を及ぼすおそれのある活動を支援ないし容認してきた先進諸国が中心となるべきなのか，それとも人類全体の責任と考えるべきなのか。

　地球を何度も破壊しうる技術をもってしまった人間とは，一体何者なのか。なぜ，そのような危険な存在が生まれてしまったのだろうか。この問いは，時代によって具体的な問題の形は変わってきたものの，古代ギリシアの人々以来ずっと問われ続けてきたものであり，それこそ「哲学」の基本問題である。そしてこの問いかけの伝統には，宇宙自然の一部としての人間の位置を計るという系列と，そうした外的自然とは区別される人間「精神」の問題として扱う系列があった。パスカルの有名な言葉，「人間は自然のうちで最も弱い一本の葦に過ぎない。しかしそれは考える葦である」は，まさにそうした人間の2側面を言い当てている。この2つの側面が徐々に切り離されて，近代以降は完全に分離されるようになる。精神と身体とが別の原理によって成り立つという，デカルト的ないわゆる「心身二元論」である。現代では，脳科学の進展もあって，精神も身体の一部であるはずの脳の機能によって一元的に説明しようとする傾向が見られるが，これを徹底しようとすると，自由意志などは否定されることになりそうである。そうした主張は，近年の脳科学の実験に基づいて実際になされている[32]。

---

30)　20世紀になっても戦争が絶えない現実について，「人間の心から憎悪や破壊をなくす術はないか」というアインシュタインの問いに対して，フロイトは「人間から攻撃的な性質を取り除くなど，できそうにもない！」と答えている（アインシュタイン・フロイト2000年）。ちなみに，このようなやりとりがなされたのは国際連盟の発案で1932年であり，当時アインシュタインは53歳，フロイトは76歳であった。
31)　パスカル1952年（上）219頁。ちなみに，パスカルは同書において次のようにも述べている。「我々は，精神と身体という互いに反し種類を異にする2つの性質で出来ている。……人間は人間自身にとって自然における最もふしぎな対象である。なぜなら，人間は身体とはどういうものであるかを考えることができない。精神とはどういうものであるかはさらに考えることができない。身体が精神といかにして結合しうるかは全然考えることができない。ここに我々の困難は絶頂に達する。しかもそれが彼の固有の存在の仕方なのである。」(57頁）と。
32)　リベット（2005年）によると，身体を動かす脳の指令は，動かそうと意識するよりも，

◆「社会」の再発見

　体と心，自然と精神といった二元論的な考え方，あるいはそのいずれかを中心に据える一元論的な考え方に対する近代的反応の1つが，「社会の再発見」と言われる事態である。「社会」というのは，歴史的慣習的に成立するという意味で自然的でもあるが，同時に人為的意識的に構成される点では精神的なものでもあるからである。いわば，自然と精神の間に社会が挿入されたということである。「社会の再発見」とは，政治思想史の文脈におけるS.S.ウォーリンの言葉であるが，その趣旨は，人々が宗教的観念をもとにして人間関係を一種の有機体としてみる見方から，自分たちの信条によって成立する政治秩序とする見方を経て，再度，政治的なものとは別個独立に，無数の社会的権威を基礎として成立するとする見方が復権してきたことを指している。[33] つまり，政治的なものに優位性を認めるホッブズ以降，さまざま相互依存関係によって成立する有機体的な見方が新しく復活してきたということである。ただし，もちろん古い型の有機体論がそのまま復活したということではなく，政治的なものに対する社会的なものの挑戦が起こった後，その社会的なものの中心には経済的な関係が据えられ，経済的自己利益がかつての良心にとって代わったということである。複雑な相互関係からなるという点では有機体的であるが，その構成要素としての個々人は自由に自己利益を追求する人格的存在である。

　人格personという言葉は，周知のごとく，芝居の仮面（役柄）を意味するラテン語のペルソナに由来するものであり，社会的な関係のなかでの役割を表わすものだが，近代以降はむしろ自由意志と自律性をもった存在を指している。両者に共通するところがあるとすれば，人間だけが社会的役割をわきまえ，自覚的に振舞うと考えるところであろうか。しかし，少し見方を変えると，この2つは全く正反対の意味をもってしまう。というのも，一方は，人間とは宿命的に社会的な関係に取り込まれており，自由であるなどというのは一時的な錯覚に過ぎないことを言っているように見えるのに対して，他方は，たとえ自分ではどうしようもない関係のなかに生まれたとしてもその関係を変えることは

　　およそ0.5秒前に発せられているという。
33)　ウォーリン1994年（第9章）。他に菊地2011年をも参照。

できるのであって,そうしない以上は自らの自由意志で現在の環境を選び取っているのだと考えるものだからである。こうした点から,人間には自由意志があり自らの運命を変えることができるという考え方（自由意志論）と,そのように思うのは視野を狭い範囲に限定する場合であって,広く見れば自ら選び取っているように見えて実はすでにそのような選択をするように決定されていたのだという考え（決定論）の間で長い論争が続いてきた。

　人間そのものについても,環境の変化に適合しようとする生物の長い進化の過程から生まれたものだとする進化論と,宇宙を創造した神の意志によって特別に創造されたのだとする創造説の対立がある。創造説というのは日本ではほとんど支持する人はいないと思われるが,これもむげに否定することはできない。なぜなら,人間と人間に近いとされる他の霊長類との間にはかなり大きな差があり,この違いを進化論的因果関係で説明し尽くすことはできないし,またそれがかなりの程度できたとしても,「なぜ」そのような進化過程を経たのかということの説明にはならないからである。経験的に知りうる快／不快だけを基準としていることから,功利主義は明らかに進化論的な考え方に立っている。これに対して,カント的義務論は,経験的な偶然知を超えた叡智的直観や自由意志を人間にのみ認めていることからすると,創造説の考え方と親和的であると言えよう[34]。

◆すべての人間は人格か

　このような,自由意志論対決定論,進化論対創造説といった対立は何に起因

---

34) この点について,カントの『実践理性批判』（1959年；225-226頁）の結論部の有名な言葉を引いておこう。「（考えれば考えるほど）新たにしてかつ増大してくる感嘆と崇敬とをもって心を充たすものが2つある。それはわが上なる星の輝く空とわが内なる道徳的法則とである。前者は,私が外的感性界において占める場所から始まって……無限の天界に拡大しさらにその周期運動の無限の時間のうちにこの運動の起始と持続とを広める。また,後者は私の見えない自我すなわち私の人格から始まり,第1の世界のように単に偶然的ではなく普遍的な必然的結合を有していることを私が認識せる,悟性のみがたどりうる世界に私を置く。第1の無数の世界を見るときは,……動物的被造物としての私の価値は破砕される。これに反して第2のものを見るときは,叡智としての私の価値は私の人格によって無限に高められる。この人格において道徳的法則は動物性から,そして全感性界からさえ独立な生命を私に啓示する。」

するのだろうか。人格と人間との関係について、つまり、すべての人間は人格なのか、という問題として考えてみよう。「人格」という西洋語にはいくつか異なる意味があって、日本語で考える者には分かりにくい面がある。日本語で「人格」と言えば、何らかの形容詞とともに用いられるのが普通であって、「高貴な人格」「下品な人格」などとは言えても、「あれは何か」という問いに対して端的に「あれは人格だ」などとは言えないであろう。この点は西洋語でも同様であるが、英語でもドイツ語でも「5人いる」というような、日本語では「人」を意味する場合も「人格」と同じ言葉が使われる。そこから、生物学的な意味でのヒトと人格とが同一視されることにもなる。だとすると、生物学的種差としてのヒトはすべて「人格」だということになりそうだが、近年「合理的で自己意識をもった存在」のみを「人格」とみなすという見解もある[35]。

　これは上で述べた「自由意志と自律性」をもった存在としての人格概念とほぼ同じ理解であり、説得力がある。ただし、その場合、そうした属性をもたないものは、たとえヒトであっても人格とは見なされず、ヒトの胎児や嬰児は人格ではないことになり、逆にある程度の自由意志と自律性が認められる動物（チンパンジーやイルカなど）も人格であることになる。このように主張する論者によれば、自らの理論を功利主義の一形態としていることから、ヒトの嬰児よりもイルカの方が快楽と苦痛を感じうるのであって、まだ人格とは呼べない嬰児は功利計算の対象外であるのに対して、ある種の動物は利益共同体のメンバーとして尊重されなければならない。具体的には、堕胎や嬰児殺しよりも、苦痛を与える動物実験や食用のためになされる家畜の飼育の方が人格侵害として道徳的非難に価するというのである。

　このような主張は、一見すると、常識に反するとんでもない考え方に見えるが、奴隷時代や女性差別が当たり前の時代には、奴隷解放や女性解放が非常識であったことを思うと、むげには否定することができない。むしろ、試行錯誤的努力によって問題を解決していこうとする功利主義の考え方に忠実なものであり、また、なぜ人間がそれほど特別に尊重されるべきものなのかという疑問

35）シンガー 1999年：106頁。

には答えてくれている面があるからである。人間は単に自己意識や自由意志をもつだけではなく、それを外部に表明することができる点で動物と異なるのだと言ってみても、嬰児や重度障害者、植物人間などはそうした能力をも欠いているため、十分な反論にはならない。

　とすると、人格を何らかの性格や能力（自己意識や自由意志）といった特性として考えることのどこに問題があるのだろうか。嬰児や重度精神障害者、あるいは死者たちはそうした特性を現に提示してはいないのであるから、そのことを基準とすると、その特性を示している存在とは区別されてもおかしくはない。実際、法的取扱いにおいては、これらの者たちについては、法的権利・義務関係において一定の区別がなされている。だが、それは、こうした者たちが何か価値的に劣ったものであるからというより、自らの意思表示能力に限界があるためにむしろ法的に保護しようとしているからだと考えられる。いわば、そうした特性そのものを問題としているのではなく、特性をもつ主体そのものに配慮していると言ってよいであろう。現にその特性を示しえているものたちの間でも、その具体的な現われ方は異なり、それぞれの個性があるはずであり、そうした表面的相違にもかかわらず共通する存在性格があるとされているのである。それは一体どのようなものでありうるのだろうか。それを考えてみるために、これまで見てきた義務論的な見方と功利主義的な考え方との対比が役に立つはずである。

◆義務論と功利主義の違い

　義務論的な見方では、あくまでも行為の動機が重視され、帰結は道徳的配慮に算入されるべきではないとされるが、それはいかなる行為もつねに予期しえない帰結をともなうということであった。しかしながら、一般に「行為」と見なされるものの場合には、実際には意図と結果の間に齟齬がともなうとしても、一定の帰結を予想して行われるはずであり、全く帰結が予想できなければ、行為を行うこと自体が不可能になるであろう。そこには「義務論のパラドックス」と呼ばれる問題がひそんでいる。つまり、結果は偶然的なものだとして道徳的考慮の外におくことが義務論の要請であるが、ある義務に忠実な行為によってそれと同じ義務に反する結果を導いてしまうことがかなりの確率で予想でき、

しかもその義務を直接知りうる叡智的主体はそのことを知っているはずであるにもかかわらず，それでもなお，その義務に忠実に行為することは道徳的に許されるかという問題である。具体的には，「殺すなかれ」という義務に忠実であるために，大量殺戮を企てている専制者を殺すことも禁じられるとすると，結果として多くの殺人が実際に起こってしまい，いわば「不作為」によって殺人禁止の義務に違反してしまうというような場合である。

　義務論は，単に慣習的な道徳に従うだけではなく，それに従おうとする自我を反省するもう１つの自我の働きを重視する反省的道徳と見ることもできる。この「もう１つの自我」とは，通常「良心」と呼ばれるものでもあるが，その担い手が現実的にその時々の慣習や役割に拘束される自我の担い手とは異なるとすると，反省する自我と反省される自我との間に分裂が生じてしまう。これは，社会的役割の間の葛藤から生じる，いわゆる「義務の衝突」とは異なる。役割葛藤において衝突しているのは，ともに反省される側の自我だからである。反省する方の自我は，良心と呼ばれる意味での理性そのものであるとすると，その理性は各人の置かれた立場にそって用いられる（カントの用語を使えば私的に使用される）理性ではなく，それぞれの立場や国家，文化をも超えて公的に使用される理性であるはずである。その点で，この意味での良心は特定の文化における社会規範が内面化されたものではない。

　このような良心的自我は，具体的な内容や意図をもったものではなく，ヒトであるとか，何人であるとか，男（女）であるとか，そうした一切の属性を超えたものである。言語的に考えると，〈私〉という１人称を表わす言葉はまさにそうした特性，個性を超えた存在を示していると言えるであろう。この私性とでも言うべきものは誰でも持ちうる存在性格であるが，自然科学的因果系列のなかには登場することがない。したがって，具体的に特定しようとすると，謎めいたものにならざるをえない。誰もがもっているはずの特性であるのだが，外側から客観的にながめようとしても見えないものである。しかも，２人称（あなた）や３人称（彼や彼ら）との対比のうちで経験的に獲得される「私」でもない。そうした「私」がいつ頃獲得されるかは心理学的にもおよそ確定できるが，そうした「私」が成立する以前の存在，胎児時代の私は「私」ではな

いが，やはり〈私〉でありうるのである。そえゆえ，この意味での〈私〉は，ヒト以外の存在にも想定することが可能であるが，そのように想定できるのは人間だけであろう。そうした能力によって初めて，人間は他の人間や動物にも〈私〉性を認めることができ，単なる機械人形とは見なさないのである。しかし同時にわれわれは，他の人間を含めて自分以外のものに対しては，それが何であるかを特定しようとする性向をもっているために，この〈私〉性は具体的な行為を評価しようとする際には後景に退いてしまう[36]。

　そのために生じてくるのが功利主義的な人間理解である。それは，外側から経験的に観察できる存在様態としての行為とその結果から人間を理解しようとする。その場合，経験から導き出しうる人間像は，個々人の多様性，1人の人間についても時間的変化による差異しかなさそうに思えるが，功利主義は，そうした多様性のなかの共通性として，苦痛を避け快楽を求める傾向性を見出す。すでに見たように，功利主義にも多様なバージョンがあり，具体的に何を快として何を苦とするかに違いはあるものの，そうした違いにもかかわらずほぼ共通しているのは，その経験論からくる快と苦の計量化志向であろう。計量化とは，社会全体としての幸福度，あるいは個人の人生において今の苦痛を差し引いても将来の快楽が大きくなりうるといった見込みをもつこと，質的に高い快楽を求めることなど，計算可能だという考え方である。

　もう1つ，功利主義の特徴として，人間の社会性を前提していることがあげられるであろう。共感（ヒューム），各人の幸福度を平等に考慮する原則（ベンサム），他者危害原理（ミル）などにそのことがうかがえる。その点では，「人間は社会的動物である」として古代ギリシアのアリストテレスを継承するものと言えるかも知れない。ただし，アリストテレス自身の言葉は"zoon politikon"であって，現代の語感からすると，社会的というよりは「政治的」と訳すべきものかも知れないが，現代ほど政治的という言葉が狭く限定されてはおらず，「ポリスに生きる」ことが人間の本質とされたのであるから，社会的と言っても間違いとは言えないはずである。

---

36) ここでの表記法は，永井（1986年）に依っている。ただし，念のために付け加えておけば，その内容とここでの説明が一致することを標榜するものではない。

◆「なぜ」と「間主観性」

　この2つの特徴，すなわち，計量可能という意味での合理性と，同じ社会の成員としての他者への感情的同一視ないし平等視は，対象としての観察可能性という意味では両立しないのではないだろうか。なぜなら，計量化しようとすれば，自分自身にとっても社会にとっても他者は計算可能な対象にすぎず，そのような形で対象化されてしまった上での共感は非常に限定されたものになってしまうはずだからである。実際のところ，国際社会は言うに及ばず，一国内においても現実的には計量化されるはずの幸福度について激しい争いがあり，犯罪者やテロリストなどを同一社会の成員と見なすことのできない人々も増えているというのが，経験の示すところであろう。

　義務論と功利主義のこうした問題点を回避しつつ，両者の目指すところを継承しようとするならば，人間の社会性の意味について見直してみる必要があるであろう。というのも，ベンサムのパノプティコン構想（社会全体を一望の下に見渡す監視装置）に見られるように，功利主義は社会を対象化して捉えようとするが，人間社会は単に動物的な群居的共生として対象化されるものではなく，義務論が強調するような主体性が複雑にからみあう関係性であるからである。その意味で，道徳的な「なぜ」という問いを解明するためにも，対象化される以前の，いわば「間主観性」の領域として社会を捉え直し，再び「社会の再発見」を企てるべきではないだろうか。それは，社会秩序という，少なくとも経験的に見る限り「ありそうにない」ものを可能としているものの秘密を明らかにすることにつながるはずである。[37]

---

37) こうした点については，ヴァイクトス（1996年），クロスリー（2003年），西原（2010年）を参照。

★Column 1　NHK　ETV特集『永山則夫　100時間の告白――封印された精神鑑定の真実』(2012年10月14日)

　これは，1968年11月から12月にかけての短期間に全国各地で相次いで4人が射殺された連続殺人事件の犯人，永山則夫の生い立ちを追ったドキュメンタリーである。

　このような放送が可能となったのは，精神鑑定医が記録した録音テープが残っていたためである。永山事件は，当時19歳の少年だった犯人に死刑を言い渡すことの是非をめぐって論争を引き起こした。1審で死刑，2審の高裁判決は無期懲役と判決が分かれ，最高裁は2審判決を破棄，高裁に差し戻した。差し戻し審と最高裁（第2次）は死刑判決を言い渡し，事件発生から約30年後の1997年に刑が執行された。最高裁は，差し戻し判決の際に，(1)犯罪の性質，(2)動機，計画性など，(3)犯行態様，執拗（しつよう）さ・残虐性など，(4)結果の重大さ，特に殺害被害者数，(5)遺族の被害感情，(6)社会的影響，(7)犯人の年齢，(8)前科，(9)犯行後の情状の9項目を挙げ，これらを考慮し，刑事責任が極めて重大で，犯罪予防などの観点からやむを得ない場合には，死刑の選択も許されるとした。これがその後，死刑と無期懲役とを分ける永山基準といわれるもので，今なお大きな影響を与えている。

　このドキュメントを見て考えるべきことはたくさんある。ここで取り上げられた精神鑑定書が裁判でほとんど顧みられなかったこと（鑑定した医師はその後裁判不信から鑑定医の道を放棄したという），世間の反応から死刑判決以外考えられなかったという1審担当裁判官の証言，永山が幼い頃から母や兄から虐待を受けていて，当時はほとんど知られていなかったPTSD（心的外傷性後ストレス障害）に陥っていた可能性があることなど，加害者の側の事情を裁判においてどの程度考慮すべきなのかといった問題がある。実際，近年の厳罰化の傾向に呼応してか，刑法39条（心神喪失，心神耗弱者に対する不可罰，減刑規定）を廃止すべきだとの主張もなされている（第4章第4節参照）。

　ここではむしろ，そもそもヒトとは何かという問題を提起するものと考えたい。永山の母親自身幼少の頃から虐待されていたこと，また永山の父親への憎しみから永山への愛情が誕生当時からなかったこと，永山の母親代わりだった姉も中絶を余儀なくされるなどの事情から精神を病んでいたこと，他の兄弟も「まともな」生活は送れずに早死にしていること，永山自身度重なる虐待を受けたためか，脳波にも異常が見られたことなど，環境がヒトに与える影響の大きさである。少なくとも，すべてのヒトがどんな状況に育っても理性と自尊心を育むことができるわけではないことは確かであろう。

第2章 殺してはいけない「人」とは何か

1　ヒトと「人間」

◆殺してはいけない「人」とは

　殺してはいけない「人」とは何か，あるいは誰か。こんな問いかけはバカバカしいと思われるかも知れないが，よくよく考えてみると，なかなか難しい問題である。例えば，刑法には殺「人」罪の規定があり，憲法は基本的「人」権を保障している。民法も第1章は「人」と題され，私権の享有は出生に始まるとされている。だが，刑法においては，すでに廃止された規定であるが，つい最近まで尊属殺重罰規定によって親や祖父母を殺した場合は死刑か無期懲役と定められていた。人にも区別があったのである。憲法上の基本的「人」権も，その多くが「国民」にのみ認められ，外国人は排除される場合が少なくない。出生後は等しく「私」権を認めている民法も成人と未成年とでは（法的行為）能力に差を設けているし，最近問題となっている少年法では14歳未満の犯罪について成人とは違った取扱いをしている。このように，法律は年齢や性別によって「人」を区別して扱う場合が多い。その他に法「人」の政治活動を認めることの可否が問題になったりするように，そもそも「人」とは何であるか，厳密な法的定義はなされていない。

　人を殺すということが生物種としてのヒト一般を殺すことだとすれば，戦争はもとより死刑でさえヒトを殺すことに変わりはない。モーセの十戒でも最初に出てくるのは「汝殺すなかれ」という戒律であるが，その対象は明らかではない。殺生一般を禁止しているのか，人間以外の生物を殺すことは禁止していないのか，自殺は許されるのか。ただ，生物一般を殺すことが許されないのだとすると，豚を殺したりキャベツを引き抜くことも許されず，ヒトは生きて行

くことができなくなる。日本人の基本的な考え方では，動物を殺して食べるのは仕方のないことであっても，倫理的に正当化できるとは考えない。実際，日本人は実験動物や魚，シロアリさえも供養するが，そうしたことは西洋では考えられないことであろう。歴史上数多く存在した内戦にしても，外国との戦争にしても，生きて行くために止むを得ないものである限りにおいて，いわば消極的に肯定されるだけであって，積極的に正当化されるものではなかった。60年余前の戦争についても，多くの日本人が「止むを得なかった」と感じていることにも，それは現われている。だが，この立場の問題点は，止むを得ないものとそうでないものとの区別が曖昧で，かなり恣意的になされることである。

これとは別に，個体としての動物や植物を殺して食べたとしても，その種全体を絶滅させてしまうほどではなく，食物連鎖が維持される限り許されることだという見方は成り立つであろう。これは，個々の生命ではなく，生命一般を最大の価値とする考え方であり，輪廻転生まで考えなくとも，多くの日本人には受け入れやすいものではないか。だが，この考え方をヒトにも適用すると，ヒトという生物種が絶滅してしまうほど数が減らない限り，殺りくしても，またその肉を食べても別段問題はないことになる。しかもこれは，日本だけでなく西洋においてもある時期までは主流の考え方であった。土や石を含む地球全体，宇宙全体が1つの生命であり，ヒトもその構成要素の一部にすぎないという見方である。

ところが，この世の創造者たる神の似姿として作られたものをその他の被造物と区別された特別の存在とするキリスト教の考え方を背景として，いわゆる近代科学が発展してくると，生命をもたない死せる物質という観念が生まれてくる。物質と生命と精神，これらの要素が最高度に融合した特別の存在が「人間」だということである。物質のみからなる無機物，それに生命が付加された生物，さらに精神（魂）をも合わせもつ「人間」という区別である。

しかしそれでは，単なるヒトから区別される「人間」とは何か。「人間」をして「人間」たらしめる精神とか魂といったものが何であるかをめぐって，同じヒトであっても「人間」とそうでないものとの区別が生まれてくる。アフリカの黒人やアメリカ大陸の原住民たちは，当初「人間」とはみなされなかった。

奴隷とはまさにヒトの形をした動物にほかならない。その点が古代世界の奴隷と異なる点であり，古代にあっては奴隷であっても解放されれば「市民」となりえた。その意味で，大航海時代の奴隷は，古代ギリシアにおいて「バルバロイ」（＝奇妙な言葉を話す人々＝野蛮人）と呼ばれた人々にむしろ近いといえるかも知れない。区別の基準が「ことば」と宗教の違いにあったからである。

◆理性という基準

　そういう人たちもやがて同じ「人間」と認められるようになるが，ことばや宗教の違いに代わって区別の基準となったのが「理性」である。その内実については，本能や衝動を制御して義務的な意識によって行為を決定する能力であるとか，事物の本性を直観する知性 intellectus に対する論証的認識 ratio，多様な感覚与件に体系性を与える理念の能力等々，さまざまな捉え方がある。だが，基本的には人間の主観的な何らかの「能力」であるという点ではおよその一致がある（フレッチャーによって作成された「人間性の指標」リストに挙げられているのは，自己制御，未来と過去の感覚，他人と関わる能力，他人への配慮，意思の伝達，好奇心である[1]）。ここでの文脈ではそれで十分であろう。ともかく，その場かぎりの衝動的反応ではなく，互いに矛盾する感覚的刺激や内的な欲求を制御する能力，したがって過去と未来を区別して一貫した態度を保持する能力としての「意識」をもつことが人間の指標と考えられる。だが，そうした能力はヒト以外の動物でも見られる。手話を使って「ことば」を理解し，仮定の事象についても「考える」ことのできるチンパンジーも知られている。逆に，脳を損傷したような場合には，ヒトであってもそうした能力が失われてしまうことがある。能力とか機能という点からみると，ヒトとそれ以外の動物について，本質的な差はないはずである。

　すると，人を殺すことは，それがヒトであるという理由だけで全面的に禁止されるわけではないことになる。キリスト教神学においても，ヒト一般を殺すことを禁止しているのではなく，禁止されているのは「罪なきもの」を殺すことであって，罪あるものを殺すことは，それがたとえヒトであっても禁じられ

---

1) シンガー1991年：98頁より。

ていない．それは，死刑や正当防衛のような場合を正当化するための論理と考えられる．アメリカでは，加害者の側に相当程度同情の余地がある場合には「正当殺人 justifiable murder」という概念によって無罪となることがある[2]。しかし，宗教や倫理の立場では本来，自分が殺されることと自分を殺そうとする他人を殺すことに本質的な違いはないはずだし，人権の概念は特定の能力の有無によって与えられたり奪われたりするものではないはずである．それなのになぜ自分の命を守るために他人を殺すことが正当化されるのか．他人の死と自分の死との非対称性が問題となる．

また，他人の死についても，それが理性的能力を維持しているかどうかによって，つまりはヒト一般ではなく，それがどのような「個体」であるかに応じて死の意味が異なることになる．脳死という状態がその最たるものであるが，その状態への移行時期（ポイント・オブ・ノーリターン＝そこを過ぎたらもはや生き返ることがないとされる時点）はその時点で分かるわけではない．目で確かめることができないというだけでなく，それはプロセスであって，呼吸や心臓が止まるといった点的な時点ではないからである．脳がその機能を失った時と物質的に完全に崩壊した時とは異なる．これが脳死問題を難しくしている1つの要因であるが，もし機能死，すなわち脳の機能が失われた時をもって死だとすると，機能喪失には程度の差があるのであり，重度の脳傷害を被った精神障害者や胎児や嬰児も理性的な脳の機能を果たしていないのであるから，これらのヒトは，殺してはならない「人」には含まれないということにもなりかねない[3]。

日本のニュース報道では，刑事事件の被疑者については「～という～歳の男（女）」という表現が定着しているように見えるが，「男性」，「女性」と呼ばれる被害者とは対照的で，すでに差別的な扱いがなされているように思われる．同じ「人間」の範疇から阻害されているようにも見えるのだが，これは「人格」をもった存在から単に生物学的な性差しかない無機的な存在とみなされている

---

[2] ハロウィンの際，制止のことばが理解できないまま他人の土地に入り込んで射殺された日本人高校生の事件では実際に「無罪」判決が出ている．映画『評決のとき』にも，「正当殺人」という言葉が登場する（Column2 参照）．

[3] 「人」という「他人」ばかりでなく自らを普通の「人」とみなすことを許されなかった人々の壮絶な記録について，荒井2011年参照．

のではないだろうか。とすると，この差はどこから生まれ，何に由来するのだろうか。

2 自分と他人

◆「ヒト」の死

　日本語で「人は……」と言えば，たいてい自分以外の他人を指す（相手を指して「自分」と呼びかけることもできてしまうので，日本語は難しい）。したがって，「殺してはいけない」と言うときの「人」とは，第1に自分以外の他人ということになるが，自分と他人とで扱いを異にする理由はどこにあるのだろうか。それは結局，死に関しては，他人の死を経験することができるが（これは不正確な言い方で，実際には死体を見たり聞いたりすることができるだけであるが），自分の死を経験することは原理的に不可能であるからである。臨死体験というものがありうるとしても，死に臨んだ，死のプロセスの一部をかいま見た経験でしかないだろう。自分にとっての死とは，まさにあらゆる経験の基盤そのものが失われることであるから，死後の世界における何らかの経験を想定しない限り，死を経験するということはありえない。

　人間が動物と決定的に異なるのは，自分が死なねばならないことを知っていることだと言われることがある（ヴォルテール）。だが，少なくとも成長のある段階までは人間もそれを知っているとは言えないし，その知は通常の経験知とは異なる。自分の死に関する知は可能性についての知にすぎない。死は確実に訪れるが，その時期を正確に予見することは誰にもできない。したがって，人は通常，自分の死を意識することなく生きており，死はたいてい突然にやってくるものである。やや難しい言い方をすると，死は私にとって「不在のうちに現前している」のである[4]。つまり，いつか死ななければならないことを知っていると同時に，いつでも現実的な死の可能性に直面しているということである。

---

4)　ランツバーグ1977年：15頁。

だが，この不在のものが現前するためには特別の経験が必要である。なぜなら，「われわれが存在するかぎり，死は現に存在せず，死が現に存在するときには，もはやわれわれは存在しないからである」。この考え方からすると，死はその当人にとっては何ものでもない。一般に死が悪であり不幸であるとしても，もはや存在しない当人にとっては悪でも不幸でもありえない。人々が死について恐れているのはそのプロセスにおける苦痛だという見方も，基本的にはこれと同じ考え方に立っている。安楽な即死であれば，死それ自体はその当人自身にとってもはやどのような評価も不可能である。死が当人にとっても不幸であるというのは，生きていれば実現したかも知れない多くの可能性が奪われるからだと考えてみたらどうか。だが，そう考えてみても，事故や災害などによってそうした可能性が奪われる確率はむしろ人為的殺人や自殺よりも高いのだから，殺人や自殺を特別視する理由にはならないであろう。直接的に特定個人によって犯される殺人行為は厳しく罰することが求められ，殺す側も殺される側も全く匿名のままなされる殺人行為，多くの生命に危険を及ぼす行為（戦争はもとより，自然環境の破壊，危険な道路建設の拡大等）についてはむしろ容認されている。考えてみれば，これはおかしなことではないだろうか。

　逆に，死を一般化して，ヒトの死，匿名的な他人の死だけを考えても，結果的に同じようなことになる。ヒトが絶滅してゴキブリの天下になるのもいいではないか。もしかするとその方が遺伝子の生存戦略にそった自然なのかも知れない。集団としての人間の生命と環境のリズムはゆっくりとした自殺のリズムをたどっているのではないかとさえ思われる。

　また，地球の裏側で起こっている（らしい）多数の虐殺や病死，顔も見たこともない過去の人々の死，これらは知識として知っているだけであるから，われわれにとっては，実際の屠殺現場を見ることもなくその肉を食べている動物の死と変わりはない。数万，数百万といった量的な膨大さがあってはじめて，われわれはその死に思いをはせる。「交通戦争」と呼ばれた時期と比べると減っ

---

5)　エピクロス1959年；67頁。
6)　ネーゲル1993年；120-130頁。
7)　サルダ1988年；57頁。

51

ているとはいえ，今なお日本だけで相当数の死者を出している交通事故に対してもほとんどの人は免疫化してしまっている。これも，1億の人口からすれば1万分の1にも満たず，驚くことさえほとんどない。こうした態度はカルティエ主義と呼ばれる[8]。いわゆる「南京虐殺」の問題にしても，なかったという側の論拠はその数的な規模だけを問題にしている。30万人以上が殺されたなどというのはウソだと。死を数の問題にしてしまっては，人間の死も動物の種の絶滅問題と変わりがない。脳死，臓器移植をめぐる議論に関しても，推進派の人々の基本にある考え方は，現に生きている，しかも生存確率の高い者を生かそうとすることが主眼であり，不在の死を現前化しようとする姿勢ではない。「臓器は誰のものでもない」という発想などは，全くの善意から生者と死者を区別するカルティエ主義そのものであり，死を一般化し，匿名化しようとするものと言えよう。

このように，死の意味を当人だけについて考える場合も，生物やヒト一般の問題として考える場合も，死という不在が現前化することはない。現在のような医療化社会のなかで，他人の死さえ直接目に触れる機会がなく，しかもマス・メディアの発達にともなってヴァーチャルな死が際限もなく日常生活に入り込んでくると，そうした傾向はますます強化される。他人の死は今まで動いていたものが動かなくなるだけのことであり，数量的にのみ意味をもつとすれば，また，自分の死さえ匿名的なヒトのうちの1つの死にすぎないとすれば，己の死という不在についての感覚が鈍くなるのも当然であろう。

◆自分と他人の非対称性

では，不在であるはずの「死が現前化する」とはどういう場合であろうか。そのためにはどのような経験が必要なのだろうか。この問題についての考察は次章以下にゆずり，ここではもう少し，自分と他人の非対称性について考えておきたい。というのも，死ほど自他の違いが際立つものはないからである。他

---

[8] サルダ（1988年；51頁）によれば，飢えや貧困などによって，数発の核爆発による損害に匹敵する数の死者を生み出している現実に平然としている態度，遠くの者より近くの者を優先する態度を，ジャーナリストのレイモン・カルティエは自らの名をとってカルティエ主義と名づけ，地球規模でのそうした政策を勧めていると言う。

人の死についても，3人称の死と2人称の死とではかなり大きな違いがある。刑罰について無関心な人や死刑制度に反対している人でも，身近な人が殺されたりすると途端に重罰，極刑を求めたりする。あるいは同じ戦争でも，味方が戦死した場合と敵の死とでは，一方は怒りと悲しみを生み，他方は喜びをもたらすことがある。また，生物学的には生かされていても，精神的には死者同然の境遇に置かれることもある。

　「他人」ということばのもつ日本語の響きについては後に触れるが，ここでは一般論としての自他の区別を考える。それは，近年問題となっているいわゆる「少年」犯罪の遠因が自他関係の障害にあると考えられるからであり，またそれは同時に，法や倫理の根本問題でもあるからである。そもそも，西洋医学や科学，社会学においても，自分と他人という関係は問題として登場しない。そこで問題となるのは，生物個体であり，物質的メカニズム，人と人との関係にすぎないからである。法学においても平均的な一般「人」，人と物，あるいはせいぜい「個人」と「個人」の関係が問題になるだけである。しかも，その場合でもたいていは，生体メカニズム，単位としての人と人との間の因果的関係として捉えられる。しかし，自他の関係はそれほど単純ではない。この点については，精神医学の次のような知見が参考になろう[9]。

　マクロな視点に立つ社会学や法学では，研究者個人の性格やその対象の他者性は，理論構築に影響を与えることはあったとしても，そのこと自体学問的問題にはならない。だが，統合失調症などの精神疾患を扱う場合，患者自身自分を異常とは感じておらず，むしろ治療者の方こそ異常な他者であり，交換不可能な「自他の勾配」（自己を中心に他者＝非自己をみる見方）の逆転を研究領域のなかにもち込まなければならない。患者が自己として関係している他者たちは患者の自己の存立を脅かしているが，その他者たちもそれぞれが自己として他者である患者と関係している。この「累乗的自他関係」のなかに治療者も巻き込まれるのである。精神分析も，患者自身の肉体的，精神的な内的構造に疾患の原因を求める自己中心的論理に依存している点では一般の医学と同じであ

---

[9] 木村1998年：59頁以下。

る。しかし，統合失調症においては，自己と他者は外部的な存在ではなく，他者が自己の内部に突然現われる，逆に言えば自己が他者化するという仕方で登場する。多くの通常人にも多かれ少なかれ，意識する自己と意識される自己，良い自己と悪い自己があるのが普通だが，通常はひとまとまりの自己として意識されている。ところがそこに亀裂が生じてしまうと，複数の自己のうちのどれかと外部の他者との区別がつかなくなってしまう。

　こうした自他の変遷は，免疫学的な観点から，身体のレベルでも見ることができる[10]。ウズラの神経管を移植されたニワトリの胚はウズラ色の羽をもったニワトリとして発生するが，生後数週間すると突然，ウズラ由来の細胞を非自己として排除しはじめて免疫系が攻撃をはじめ，やがて個体としても死に至る。ガン細胞も，通常はひとまとまりの自己を保持するために，細胞の再生産を自己抑制するはずの細胞が突然「自己」増殖をはじめてしまうものであり，エイズウイルスによる感染症は，通常の自己細胞や免疫系としての「自己」のまとまりが破壊される症状である。昨日まで「自己」であったものが今日には「非自己」となり，「非自己」であったものが「自己」になるのである。免疫反応からみると，免疫系の行動様式がそのつどの「自己」を規定するのであって，連続した固定的な「自己」というものは存在しない。

　こうしたことは，倫理や法が問題となる場面では考慮に値しないものであろうか。私は以前からそうではないと考え，主張もしてきたが，最近の少年問題に接して，その意を強くするものである。しかも，それは「子ども」に限った問題では決してない。戦争責任をめぐる議論や政官業癒着構造に基づく汚職事件などにも，同様の問題構造がある。

　先に引いた精神病理学者のことばを借りつつ，私なりに敷衍すれば，人間の各個体は環境との接触面で主体的に行動する必要が生じるが，多くの場合，その主体性を各人の自己意識の側に引き寄せ，周囲の他者に干渉されることのない「自己」の主体性として体験しているが，それは大きな錯覚に基づくということである。2人だけの対話からスポーツや合奏などさまざまな場面で，集団

---

10)　多田1993年，同1997年参照。

的な主体性と個別的主体性との二重の主体性構造がある。母親（には限られないだろうが）が子どもの痛みを自分の痛みとして感じるという間身体性感覚（メルロ＝ポンティ）や私的間主観性（木村敏），他者の視線によって自己が客体化され，物化されるといった脅威の感覚（サルトル）などもその例と考えられる。現前しない過去と未来を言語によって代表象 re-present する能力を獲得してしまった後の人間は，「今，ここ」にある「自己」を特権化し，誕生から死に至る歴史的存在者としてそれを表象する。というよりむしろ，二重の主体性を隠蔽し，そうした「自己」と「他者」の違い（自他の勾配）を過度に維持しようとするようになる。「自己」とはそうした差異についての意識のことなのである。

　まず個体が存在し，それが複数であることから社会的な関係が生じるという個体中心の見方では，こうした二重主体性や差異性構造は見えてこない。また，他者が自己と同じ心や意識をもっていることをどうして知りうるのか，ということが分からない。仲間意識，家族意識，同族意識など，私的間主観性として現われる集団的主体性は，自己と他者と同様の差異性を生み出し，第三者の無制約な介入を局外者として排除しようとする。先に引いた精神医学者によれば，このような他者たちとの「あいだ」（ある個体が自ら関与する内主体的かつ間主観的な差異）において成立するのが「こころ」であって，それは個々の脳の内的な機能としての「意識」と区別される。このような機制を生物学的な宿命と言えるかどうかはともかく，それは個人と個人との対話によって解消できるような自閉性ではない。問題は，それをあくまで「自己」の側に引き寄せて理解しようとしたり，あるいは集団的主体性の肥大化を個的主体性の自立と錯覚することのないようにすることであろう。その点で，少年犯罪にみられる「キレ」と集団化，官僚や業者たちそれぞれの間にみられる罪悪感のない特権的身内意識，自らの自己意識を集団意識と錯覚する「自由主義史観」などは，それぞれ一種の「統合失調症」の兆候とみることができる。しかも，それらは，決してそれぞれの「自己」の内部的欠陥によるのではなく，自己と他者の差異性と緊張関係の保持の仕方に起因する問題なのである。

　したがって，これらの問題は，それぞれの個的自己やそれら個的自己が同一

化しようとするさまざまな社会的自己の内部に原因を求めても無駄であろう。
◆社会的自己と個的自己の関係
　社会的自己と個的自己との関係のありかたを，もう少し具体的な事例に即して見てみよう。そこに何の差異もない場合というのは，胎児から幼児の時期に限られるであろうが，そのつど周囲の人々と完全に打ち解けて，場面の変化に完全に同調できる人にも当てはまる。だが，これは言語が変わっても何の違和感も感じないということであるから，ほとんどありえない無節操な人ということになる。逆に両者が完全に切り離されてしまったとすると，その個的自己は統合失調症に似た状況にあると言えようが，それ以上に現実の他者とは会話さえ成り立たない，極端に孤立した人を想像すればよいのだが，ここで問題にしている2つの自己は相互外在的に並存しているものではなく，その差異というのはミードのいうIとmeの違いに近いものであるから，実はそもそもまとまりをもった「自己」たりえない。
　公平さを保持するためにできる限り他人との接触を避ける裁判官などは，社会的自己と個的自己がかなりの程度切り離されているのではないか。ただし，法律を無視することはできないという制約が一般の人よりも強く働くために，判例や法学説など専門知識との同調性は強いはずである。憲法に，裁判官の独立を保障する趣旨の条文がいくつかあるが，そのうちの1つは次のように規定している。裁判官は「その良心に従い独立してその職権を行い，憲法と法律にのみ拘束される」と。この場合，裁判官にはどのような「自己」が求められているのだろうか。裁判において適用されるべき特定の条文が自分の良心に従って受け入れられない場合，どうすればよいのか。この条文だけをみると，過去の判例や学説，判決文の論理的整合性要求に従う必要は全くないように見えるが，それでよいのだろうか。「良心に従って独立して」とは，良心が時間の経過によって変化しているとすると，かつての良心に従うべきなのか，現在の良心（過去の自分からも独立しているべき）なのか。それとも，裁判の場にあっては「自己」の良心などあってはならず，憲法と法律にのみ従う一種の自動機械である（あるいは裁判官としての社会的良心にのみ従う）べきなのだろうか。
　政治家はどうか。憲法は議員を「全国民を代表する」ものとして位置づけて

いるが，その多くが出身母体をもち，応援する支持母体に支えられ，その個別利益を代表するような活動をしているというのが実態であろう。選挙区選挙であることから，各議員は地元代表という性格をも強くもっている。利害対立の不可避な現実社会のなかで「全国民を代表する」とはどういうことであろうか。当選後に政党を替えるという行動は正当化されるのだろうか。一旦当選すると生涯議員であろうとしてつねに票を気にし，多くが当選回数を重ね，二世議員も増えて議員集団が1つの利益集団のようになっている現状からすると，国民との意識の差はますます拡大していくのではないか。そんななかで彼等の「自己」はどのような構造になっているのだろうか。もちろん，個別的にはかなり多様であろうが，社会的自己と個的自己との差異と緊張は相当なものであろうと想像される。さまざまな利害を調整するなかでは，あちらを立てればこちらが立たず，といったディレンマをうまく調整するのが個的自己なのであろうが，しかし多くの議員は何らかの政党，会派にも所属し，ほとんどの議員は所属政党の執行機関の決定に従っているのはどういうことだろうか。一人一人の議員が個々に「全国民を代表」しているのだとしたら，党議拘束といった形で個別の議員を縛るような政党執行部による規制は憲法違反ではないかとさえ思われる。政党には公的資金が支出されるようになったが，政党とは何か，その性格があいまいなままの助成や比例代表という制度には問題もあるはずである（特に小数党は圧倒的に不利であり，新しい党をゼロから作ることはもはや不可能に近い点など）。「公党」などという表現もあるが，政党法といった一般法規があるわけではなく，一体何が公的なのだろうか。

　議員における社会的自己はどのようなものであろう。選挙区，それも支持者集団の小さな私的間主観性か，それともその時々に声や力の強い業界や官僚組織，あるいは議員集団そのものか。それが「代表」する「全国民」となると非常に捉えにくい。結局は，これらがさまざまな比率で混在しているのであろう。これまではある種の「イデオロギー」がこの自己に一定のまとまり（アイデンティティ）を与えていたと言えようが，これが崩れてしまった今，個々の議員も政党もまさにアイデンティティ・クライシスに陥ってしまっている。キレる子どもたちも，これまではかろうじて自己にまとまりを与えてくれた家族

や地域共同体が崩れ，将来への夢や目的も見失われている。とすると，これは，集合的な規範の1つである法の危機でもある。「なぜ人を殺してはいけないのか」という問いは，法的禁止（厳密にいうと法律のどの条文も殺人を明文で禁止してはいるわけではないのだが）の根拠に関する懐疑をも表わしているからである。したがって，法的規制を強化することで解決できるような問題ではないはずである。また逆に，主体性とか自律，道徳的自覚といった徳目の涵養ということにも大きな限界がある。近代法が法的関係の基本単位，担い手として想定する「個人」が成立する次元の問題であるからである。法的な用語を使って言えば，自分の行動の意味を自覚できない「心神喪失」者ないし「心神耗弱」者をどのように認定し，どのように扱うかという問題である。否，より正確には，程度の差はあれ，すべての人が相対的に多重人格者であるような社会のなかで行為者を同定するという問題である。

3 胎児，嬰児，脳死者

◆中絶をめぐる問題

　西洋では，妊娠中絶をめぐって，それこそ殺人事件にまで発展するほどの激しい議論，対立があるが，日本ではほとんど問題にならない。せいぜい「水子供養」と称してひそかに詫びることですまされてしまう。少なくとも胎児は母親にとって「他人」ではない。したがって，その延長上にある子どもは，成長とともにその他人性が増大するにしても，決して完全に「他人」になってしまうことはない。だから，胎児を殺す中絶は，親の意思で行われる以上，ほとんど自殺に等しい扱いとなる。特に中絶した母親に対しては，賞賛はされないにしても，むしろ「気の毒」「可愛そう」とされ，避難されることは少ない。逆に「他人」によって無理に中絶させられたような場合には大きな非難が加えられる。

　西洋的な発想では，魂が宿る時期（胎動が始まるとき）を境にその扱いが区別される。その時期以前はまだ「人間」ではないから中絶も許されるが，それ以後は許されない，と。魂が宿るという捉え方をするのは今では小数派であろう

が，母体外での生存可能性を根拠にした線引きは基本的に同じ考え方によるものだと言ってよいであろう。では，殺してはいけない「人間」と殺してもよい「胎児」とを分ける基準は何であろうか。生物学的な「ヒトであること」でないことは明らかである。どの段階の胎児であっても，生物学的には未熟な「ヒト」以外の何物でもないはずであるのだから。同じ「ヒト」について「人間」と非「人間」を区別する基準は，脳の働きに求められている。「人格」とか「理性」という名で呼ばれることもあるが，結局は「自意識」をもつかどうかにある。つまり，単に生物学的なヒトに属するというだけでは生きる権利は認められないという考え方である。生きる権利が認められるためには，「経験やその他の心的状態の持続的な主体としての自己の概念を持ち，自分自身をそうした持続的存在者であると信じている」ことが求められる[11]。

　しかし，このような基準でいくと，多くの動物にも同様の働きは認められるのに，胎児や場合によって嬰児，重度の精神障害者やいわゆる植物人間などにはそれが認められないのであるから，胎児や生まれたての嬰児を殺すことよりも，かれらよりはるかに優れた知的能力をもつイルカやチンパンジーを殺す方が罪が重いということになる[12]。実際，類人猿のなかには言語能力があり，声帯の構造さえ変えられれば人間と話すことも可能なものがあるとされている。

◆サイボーグ化する人間

　現在はまた，複雑なフィードバック機能をもった「考える」コンピュータも不可能ではない時点にまで到達している。「コンピュータは心をもちうるか」という形で問題となることであるが，応答能力という点では，これらも人間と変わらず，否，場合によっては人間以上である。理性的な機能の面のみに着目すると，こうした動物や機械でさえ，そうした機能をまだもたないか，あるいは失ってしまったヒト以上に人間的なものであることになる。しかも，社会的な機能という点では，すでに個々の人間よりもコンピュータ・ネットワークの

11）　トゥーリー 1988年；107頁。
12）　シンガー（1991年；163頁）によれば，「理性，自己意識，感知，感覚能力などの点で，生後1週間目，1ヶ月目，あるいは1年目の赤ん坊よりもまさっている人間以外の動物がたくさんいる」。

方が重要な働きをしている。さらに言えば，コンピュータを扱う人間は取り替えがきくが，でき上がったネット・ワーク自体はかけがえのないものになっている。そうしたネットワーク全体が機能しなくなるようなスイッチを切ることの方が社会的には重大な結果を招くというのが現実である。

　最近の子どもたちの犯罪類型を見ていると，子どもたちは一般の大人たちよりもコンピュータとの方がコミュニケーションをとりやすい（自他関係を形成しやすい）のではないかとさえ思えることがある。価値観や世代の違いによってコミュニケーションがうまく成立しないことは「同じ人間」の間でもしばしば起こることであり，自分たちとコミュニケーションがとれないからといって，彼らを特別視する理由は乏しいのではないか。しばしば矛盾したことを平気で言う大人たちより，言うことと行動が一致せずに裏切ることの多い友人より，コンピュータの方がはるかに信頼できる。そういう感覚は十分理解できることであるはずだ。

　このことは，子どもたちだけの問題ではない。人間の脳とコンピュータをつなぎ，考えただけで義手を動かすことができるなど，BMI（ブレイン・マシン・インターフェース）技術も現実のものとなっている。そうした人間とコンピュータの一体化は，身体ばかりでなく，インターネット技術を通して欲望さえもコントロールされている。こうした事態は，人間の「サイボーグ化」と呼ぶことができる。[13]

　理性的な機能や応答能力といった点からすると，ヒト以外の動物やコンピュータとヒトとを分けることはできない。ヒトという生物種が他のものと違うという生物学的な事実だけでその生命に優先権を与えるということの問題性については，すでに見てきた通りである。だが，このような態度には，また別の問題がある。生物学的あるいは自然科学的な事実上の違いによって価値的な評価に違いをつけるということは，人種の違いによって差別したり，性の違いを重視する性差別主義と基本的に同じ態度である。障害者や胎児，あるいは女

---

[13]　高橋透2008年参照。ダナ・ハラウエイ（2000年）は，人間と動物，人間と機械，男と女，自然と文化といった近代的二項対立の境界が曖昧化している事態を積極的に捉えて「サイボーグ宣言」を行っている（第8章）。

性や子どもについて，法的にはそれぞれ「〜の」権利という形で主張されることがあるが，これは一般の「人」権とどのような関係にあるのだろうか。「基本的」人権に含まれる一例にすぎないのか，それともそれに加えて求められる特殊な権利なのか。

　学生たちと話していると，「子ども」はまだ未熟なのであるから自己主張する前に校則などのきまりを守ることが重要だとか，「女性」は男性とは違うのであるからもっと女性を保護するための法律が必要だと言う者が多いことに驚かされる。平均的な成人男性を「人間」の標準として，そこからの偏差に基づいて法が差別的扱いをすることを肯定する若者がかなりいるのである。この考え方でいけば，胎児は標準的「人間」から最も隔たった存在として中絶も容易に肯定されてしまう。

◆脳死をめぐる問題

　脳死者についても，そう判定された場合の臓器摘出を肯定する者が多い。実際には，脳死と判定された後も10年単位の長期にわたって生存する場合があるというのに。「本人の意思であれば」という条件をつけたとしても，脳死と判定された時点での意思は確認することができず，まして近年改「正」（？）された臓器移植法のように，本人の明確な拒否の意思が確認できない場合に家族の承諾だけで臓器の摘出が可能だとすれば，この条件もほとんど無意味である。[14] いわゆる「自己決定」がそれだけで単純に正当化理由となるわけでないことは，本章で示そうとしていることの重要なポイントの1つである。そこで次に，この点について「人権」概念の問題に即して見ていきたい。

4　人権とその主体　　法律に違反する権利

◆人権と公共性

　刑事事件に関して人権が問題になるとき，おおむね被疑者の人権への配慮が強調され，特に加害者が少年である場合には審判の経過さえ明らかにされず，

---

14) 改正臓器移植法の問題点については，小松他2010年参照。

被害者側にとっては大きな不満となっている。被害者の人権はどうなる，被害者にももっと配慮を，という主張をしばしば目にする。だが，その場合でも，ケースによってその主張の意味は異なるようだ。一方では，例えば性犯罪のような場合に最も典型的なものであるが，捜査段階，審理の過程において被害者自身のプライバシーや心情に配慮した取り扱いが求められる（マスコミによる報道の仕方もしばしば問題になっている）。他方，殺人事件の場合，もちろん殺された当人のプライバシーや名誉も問題になりうるが，多くは遺族の報復感情や知る権利への配慮が求められている。こうしたケースについて語られる「人権」の概念には，何か独特の日本的な理解あるいは誤解ないし混乱があるのではないか。そもそも，人権とは，誰の誰に対するどのような権利なのか。これらのケースで問題になる被害者側の人権は，法的な権利として要求されているのか，それとも道徳的な意味で主張されているのだろうか。

　死者にも人権はあるのか。死体の遺棄とか毀損というのも立派な犯罪を構成するが，それもやはり人権侵害の一種なのだろうか。心理的トラウマに対する配慮も人権尊重の要請から出てくるものなのだろうか。死刑を宣告された者にはもはや「生きる権利」，自己の生命に対する権利は認められないのだろうか。わが国の最高裁は，有名な判決（1948年）において，「生命は尊貴である。一人の生命は，全地球よりも重い。しかし，憲法（13条）においては，もし公共の福祉という基本原則に反する場合には，生命に対する国民の権利といえども立法上制限ないし剥奪されることを当然予想しているものと言わねばならぬ。」として，死刑の合憲性を認めている。憲法13条は「幸福追求権」とされる一般的人権条項であるが，そこで規定される「生命に対する権利」も「公共の福祉」に反しない限りで「最大限尊重される」とするだけであり，文言からすれば，生命に対する権利は公共の福祉によって制約されることになる。

　この判決によれば，全地球よりも重要であるはずの「一人の生命」を奪う根拠となりうるのが「公共の福祉」である。この「公共の福祉」とは一体何を意味するのであろうか。あるいはまた，「公共の福祉に反する」とはどういうことであり，誰がその判定をすることができるのだろうか。憲法学では「基本的人権と公共の福祉」として論じられてきた問題である。現在そこにおける通説

的見解は「内在的制約説」と呼ばれるものであり，この説によれば，人権相互の対立矛盾を調整する原理が「公共の福祉」である。憲法の保障する基本的人権も，他人の人権を尊重すべき義務によってはじめから内在的に制約されているというものである。

　この考え方の基盤には，「人権」とは何をするのも自由という「一般的自由説」を否定し，そもそも人権として保障されるのは「人間」ないし「人格」として必要なものに限定されるとする「人格的自律説」がある。だが，この説によると，すでに見たように，重度障害者や嬰児など「人格的自律性」を欠いた存在には人権を認めなくともよいということになる恐れがある。また，はじめから人権の主体が限定されるのだとすると，殺人の直接の被害者はすでに存在しない（？）のであるから，生きている加害者の人権と対比され調整されるべき人権はもはやないと言わなければならないのではないだろうか。内在的制約説に立ったとしても，死者の人権との調整などできないのではないか。また，人権相互の調整と言っても，ある人の特定の人権と他のすべての人の人権を秤にかけて，後者のためにあらかじめ前者の人権を制約できるとすれば，人権とは異なる何らかの価値を優先させる外在的制約説と変わるところのないものになってしまう。

　前もって権利を制約する立法と事後的に権利侵害を争う司法との関係を考えると，人格的自律説や外在的制約説は立法優位と，一般的自由説や内在的制約説は司法優位の考え方と結びつきやすい。だが，人権を保障する憲法は当然国家の立法権も司法権も制約するものであり，人権は両者に優越するはずである。国家に委ねられた立法，司法の権限とはいかなるものであるのだろうか。こうした問題は，法が確保しようとする「公共性」とは何か，という問いとも結びついてくる。

　国家と法と人権，これらが一体のものとして捉えられる傾向が強い日本では，権利は法的な権利として一元的に捉えられ，現実の法的な処置に対して，それが自分の「正当な」権利を侵害しているという仕方で批判することは難しい。裁判所も検察も法的権力行使の一環であって，それを担うのは公権力を独占する「国家」以外にはなく，それに対してその外側から法的権利の侵害を主張す

ることはできないからである。逆に法的権利と倫理的な権利を区別して，後者の立場から前者を批判することができるとすると，ある種のパラドックスに陥ることを覚悟しなければならない。

　例えば日本でも，沖縄国体の際に日の丸が引き降ろされて焼かれるという事件があった。[15]日本の憲法は「良心の自由」を規定しているが，この行為が行為者の良心に基づく行為であったとすると，検察官や裁判官は公務員として憲法尊重義務があるのだから，良心にしたがった行為を訴追し，断罪することはその義務に反することになる。もちろん，他方で検察官と裁判官は「器物損壊罪」という刑法上の犯罪として訴追，審査する法的義務を追っている。良心の自由とは内面の自由のことであって，外的な行為に現われる場合にはつねに一定の制約があるのだと考えられるかも知れない。だが，そうなると，思想，信条の自由などというものはほとんど無意味になってしまう。むしろ，「良心の自由」などというものは建て前にすぎず，本当は誰も認めていないのだという方が説得的である。[16]

　内面的良心の問題と外的行為とは区別されるべきだという考え方が問題であるのは，例えば学校の制服規制のことを考えてみれば明らかであろう。皆が同じユニホームを着ることは真の教育に反するという良心をもちながら，着用を義務づけるというのは矛盾以外のなにものでもない。この場合も，制服の着用を強制することは，生徒には良心の自由を認めないと言っているに等しい。従来から内面性と外面性の区別を基準として道徳と法を区別する考え方はあるが，法自体，殺人罪と過失致死罪を内面における故意の有無によって区別しており，法においても内面が重視される場合は少なくない。

　外的な行為においてはつねに社会的規制に従うべきだという考え方をとるとすると，それは結局，社会的な義務を優先させて権利をそれに従属させること

---

[15]　1987年沖縄国体ソフトボール会場で，日の丸・君が代強制に反対する知花昌一氏が，掲げられた日の丸を引き下ろして焼き捨てた事件。判決を含む詳しい経緯については，フィールド1994年参照。

[16]　「良心の自由」については，多数の文献があるが，さしあたり，西原1995年，同2006年，思想良心信教の自由研究会編2006年参照。アメリカの宗教的平等問題に関しては，ヌスバウム2011年参照。

になる。あるいは，社会的な多数者の利益にかなうことのみが許される権利であるという功利主義となる。その主要な主張者の一人であるベンサムは，個人の人権とか倫理的権利といった概念を「大言壮語のたわごと」と批判した人である。態度としては一貫していると言わなければならない。

◆2つの人権概念と人権主体

しかし，倫理的な権利として人権を認める場合にはそうはいかない。実際，人権はたいてい憲法において規定されているが，憲法は法的な問題と倫理および政治が交錯する領域である。人権の規定は，アメリカの独立宣言（1776年），フランスの人権宣言（1789年）に端を発するものであり，もともと倫理的な意味を含む政治理念の宣言が憲法に取り込まれるようになったものであるからである。ただし，歴史的には同じルーツをもつとしても，アメリカとフランスでは，人権のもつ思想的および現実的な意義には違いがある。アメリカの場合には，人身保護というイギリスの伝統を引き継ぐ形で，政府に対する抵抗，強制に対抗する個人の身体的自由に主眼がおかれた。これに対して，フランスでは各人が人間として生まれながらにもつ自然権の側面が強調された。したがって，前者を政治的，法的人権概念，後者を哲学的人権概念として特徴づけることもできる。

明治期の日本では主にフランス経由の人権概念が導入されたために，その影響が強く，いわゆる「天賦人権」論が説かれ，批判もされてきた。フランス人権宣言はそれまであった地域的，職能的，宗教的共同体を解体し，そうしたしがらみに拘束されていた人々を「個人」として解放し，その自由の擁護者として新しい「国家」の建設が打ち出された。それゆえ，国家のみが正当な共同体とされ，それ以外の中間的共同体を構成する「結社の自由」は当初否定されたのである。個人の自由を守るのは国家のみというわけである。それまで地域共同体や教会が行ってきた教育も国家による全体的管理に委ねられるようになる。学校が作られ，そこに子どもたちが囲い込まれるようになるのもこの頃である[17]。フランス人権宣言は，正確には「人」と「市民」の権利の宣言であり，

---

17) アリエス1981年参照。

そこに女性が含まれていないとか、人と市民との違いの問題なども指摘されてきた。しかし、図式的にいえば、各自の人権を保護し、保障するために国家があるのであるから、人権を擁護することが国家権力を正当化するための倫理的根拠となる。人権は国家に論理的に先行するのである。

◆法治主義と法の支配

だが、明治憲法下の日本では、もちろんそのような論理構成はとられていない。天皇を中心とする「国体」観念が支配しており、人権はあくまで法律が認める範囲に限られていた（法律の留保）のであり、国家を正当化する論拠にはなりえなかった。その意味で、権利よりも法律を重視するヨーロッパ大陸型の「法治主義」であった。ただし、それが健全な意味での「法実証主義」であったかどうか、ヨーロッパ的な意味での「立憲主義」であったかどうかはまた別の問題である（第4章参照）。ところが、敗戦後の日本では、憲法の改正にともない、国民主権と基本的人権尊重主義が明記された。大陸法と異なり、英米系法体制は、君主や議会の作る法律も法の下にあるという考え方（法の支配）が基本とされていた。その場合の「法」とは裁判所の判例の積み重ねであるコモン・ローであるが、日本にはそのような伝統がないために、それに代わって「国民」と「人権」がおかれたと言ってよいであろう。

「法の支配」の原理と「法治主義」原理は、今ではほとんど同じ意味で使われるようになっているが、本来は非常に異なるものである。法治主義は rule by law と称されるように、法を手段とする支配であって支配する主体は法ではなく、君主あるいは特定の特権的集団である。したがって、例えば君主の恣意的な命令による支配も、その命令に法の名が与えられれば「法治主義」でありえ、実質的な専制支配に転化する可能性をつねにはらんでいる。現代の民主主義国家にあっても、議会の多数派によって制定される法律を絶対視すると、つまり、一旦合法的に議会を通過した法律であれば、もはやそれに反対することは許さないという多数決主義を主張する（法律に違反する権利は認めない）とすれば、それはこの意味での法治主義を基本的な価値としていることになる。つまり、共同的な決定を正当化する最終的根拠は、多数のという限定はあるにしても、現実の人間の意思であるということである。

これに対して「法の支配」という場合は，現実の人間の意思を制約する法があるという思想がその基礎にある。「君主といえども法の下にある」というイギリスの法諺に，それは表われている。君主であれ，議会の多数派であれ，その意思の上位に「法」があるということだ。この場合の「法」とは何か。これについて詳しくは法思想史の流れを説明しなければならないが，大きく言えば，古くは主に神の命令，宇宙的秩序，自然法，理性法といった観念によって示されてきたと言ってよいであろう。人間が意志的に作り出す人為的な法律，その時々の具体的な制定法を制約する何らかの普遍的な法が存在するということにほかならない。近代憲法においては，そうした普遍的な法の内容として人権尊重の原理（自由と平等および両者を仲介する意味での友愛）がおかれたのである。

◆人権と国家

人権保障の歴史は，国家の法律による保護から憲法による保障へ，さらには国家の枠を超えて各種条約による国際法的保障へと進展している。この流れを促した大きな要因の1つとされるのが，戦前のドイツや日本における議会制定法（ナチスのいわゆる「授権法」や日本の「治安維持法」）による，いわば合法的な人権弾圧の経験である。それによって，多数派の意思や国家による保障には限界があることに気づかされた。そこで，議会の制定法を制約する憲法のなかに人権条項が取り入れられ，各国政府の行為を制約する各種人権条約が結ばれるようになった。純粋に客観的にみると泥棒と変わらないような行為（例えば公務員による強制執行）であっても，それが正当であるのは，議会を正当な手続きを経て成立した法律に基づく行為であるからであり，なぜ議会にそのような法律を制定する権能があるかといえば，議会の構成や手続きを定めた憲法の規定に基づくからである。ではなぜ，これまた現実には人間が作った法の1つにすぎない憲法にそのような権限を付与する資格があるのか。それはまさに，その憲法が人権を保障するものであるからであり，憲法によって国家そのものが正当化されるからである。

これが，フランス起源の人権思想である。したがって，フランスではその後，周辺諸国から自由を求めてやってくる人々を寛容に受け入れ，人種や民族に関わりなく，人権宣言とそれに基づく共和国の理念に賛同する者は広くフランス

国民とみなし，国籍も与えてきた。もちろん，そこには革命以後の周辺諸国との闘争に勝ち抜くためという現実的な要因があったことも忘れてはならないが，人権を中心とする建国の理念は明確であったと言ってよいであろう。だが，EU統合の過程のなかで多くのイスラム教徒が入り込み，（例えば女性のスカーフ着用や定期的な祈りなどの）宗教的習慣を公的な場に持ち込むようになって，新たな問題も起こっている。すなわち，結社の自由を認めない当初の人権宣言の精神，あるいは男女平等の精神からすると，（男女差別や家父長制など）宗教色の強い生活習慣を公的な場で公然と行うことは許されない。しかし，一方では日常生活と宗教が深く結びついているイスラムの人々からすれば，こうした行為は人権の中核を占める信教の自由に基づく行為にほかならない。[18]

◆人権の担い手

公権力を制約する原理としての「法の支配」における「法」の内容とされた人権は，フランスにおいては少なくとも思想的には，国家の成立以前に存在する「個人」が「人間」である限りにおいてもつ権利であった。したがって，本来は人種や国籍，性や年齢の違いなど問題にならないはずのものであるが，現実の近代「国民国家」の枠組みを最初に作ったのもフランスであった。人権宣言に共鳴する「市民」たちの国家として。この場合の「市民」というのは，国民国家の働きに積極的に参加する主体であり，現実には税を納めることのできる成人男性であり，家族の長であった。現在でも18歳未満の者には市民としての最低限の条件である選挙権は与えられていないし，女性がそれを獲得したのはフランスでも日本同様第2次世界大戦後になってからのことであった。「市民」の外延は拡大されてきたが，胎児を含む子どもなど，「人」との落差は依然として残っている。というより，特定の国家に帰属する「市民」でない無国籍者であること，つまりどの国の「国民」でもなく，単に「人」であるだけであること自体が非常に危険なことなのである。ナチスによる迫害を受けたユダヤ人たちにおいてその危険性が現実のものとなったが，日本においても，日本国籍をもたない在日朝鮮・韓国人たちや，いわゆる「不法」滞在の外国人たち

---

[18] こういった問題については，青山2008年を参照されたい。

は非常に不安定な状態におかれている。「市民」の権利を中心に人権を見た場合には，人権が与えられていない多くの「人」が現に存在するのである。

　商人たちを中心とする新興階級の人々が主張して勝ちとった「人権」は，それを保護する主体として「国家」を生み出し，中央集権的な最高権力としての「主権」をも同時に作り出した。本来グローバルに活躍するはずの人々が，その活動の自由を保障してくれる後ろ楯として「国家主権」を必要とした。それゆえ，それの及ぶ範囲としての国境線が確定されるとともに，いずれの国家にも属さない人や，自らの意思で自由に活動することのできない弱者は，人権の担い手とはなりえないのである。人種や民族といった，本人にとってはいかんともしがたい自然的な制約は取り払ったとしても，国籍の選択を含めて自らの意志で行動する「主体」でない限り人権の担い手とは認められないということでもある。そこで，人権概念も，すべての「人」がもつ「基本的」人権と，国家の枠内で憲法が「国民」に保障する法的権利である「基本権」とが区分されたり，国家の成立以前においても認められるべき「前国家的」人権と主権国家の成立を前提としてのみ認められる「後国家的」人権とが区別されたりする。前者は，国家的共同体「からの自由」を中心とする（特に精神的）自由権，後者は国家に参加し，あるいは（生活保護や教育を受けることを通して）そこから利益を受ける社会権と言われるものに相当する。

　これらは主に国家との関係で人権を分類するものであるから，そのうち最も体系的なものは，国家に対して個人が一方的に受動的な地位に立つ（納税や兵役の）義務，（どちら向きに寝るかといったことについて）公的干渉を受けない消極的自由，むしろ国家的関わりと給付を積極的に求めるいわゆる社会権，公権力の行使に能動的に参加する参政権，こうした4つの類型に分類する考え方であろう[19]。このうち最初の「義務」は自然権に由来する人権とは原理的に対立するものであるが，両者の関係は，人権と国家との関係を考えるときには，最も重要な問題となる。フランス型の国家では，「人」と「市民」とは究極的には一致すべきものと考えられる。というのは，「われわれは市民 citoyen となっ

19）　イェリネック1974年；420頁以下参照。

てはじめて人 homme となる[20]」と言われるように，国家はその建国の理念に共鳴する人々の自由な意志によって成り立つとされるから，その国家の成員であろうとする限り，納税や兵役等の公的な義務を果たすことは当然とみなされるからである。国家はその成員の安全を保障すること，弱者も生きられるようにすること，そういう働きを通じて個々人の人権を守るために存在するのであるから，成員自身，人権の擁護に無関心であることは許されないというわけである。子どもを含むすべての人が個人の資格で直接国家的共同体の成員であり，安全や教育について国家が全面的に責任をもつという体制（家族的，地域的共同体の否定）である。

　この点でフランスの人権宣言は，一方ですべての成員の平等な人権保障，しかも経済的な面における実質的平等を求める社会主義的な要素をもっている。その意味では，マルクス以降の社会主義革命がフランス人権宣言の正当な後継者を任じていたこともうなずける。そして実際，フランス人権宣言の影響を受けたヨーロッパ諸国では，個々人の自由な行動と成員の経済的平等を同時に保障しようとする，いわゆる社会民主主義的な方向を歩んできたと言うことができる。

◆権利基底的法概念

　これに対してアメリカでは，人権概念も国家の観念もかなり違った形で考えられている。フランスなどに比べると，ここでは国家に対する信頼が弱い。フランスでは中央政府の役割とされる役割をアメリカでは自発的な団体が果たし，学校や病院，刑務所さえをもそうした任意団体が作っている[21]。各人一人一人が自分のことについては最良の判断者であるという，そういう独立した個々人が自発的に作る共同体が中央政府や州政府に優先する。自らに関わることについてはすべてに彼自身が主人であり，己の意志で参加する共同体のルールに従うことは決して自由と矛盾しない。アメリカの自由は，そうした共同体的自由なのである。自分たちが参加していないところで決定されたことは，それがたとえ中央政府の決定であろうと従う義務はない，というのが基本的な考

---

20)　ルソー 2008年；318頁。
21)　トクヴィル 1987年参照。

え方である。自分の身を守るために銃を保持し，場合によっては政府に対しても武力で対抗すること，これは憲法によっても認められている権利である。したがって，たとえそれが多数者による決定であっても，そうした個人の自由を脅かすものであれば，それを拒否する強い権利がアメリカ的自由の基本にある。これは，危険を冒して海を渡り，自力で未開の地を開拓し，本国政府との独立戦争に際しても自ら志願して戦った人々のフロンティア・スピリットに由来するものであろう。

　自由は自分で勝ちとるものであり，国家によって保障されるようなものではない。身分的な共同体の拘束から解放されると同時にその保護からも解放されているという，二重の意味で自由な個人，自分のことは自分で決定し，その結果は自分自身で引き受ける強い個人，それがアメリカにおける人権の担い手なのである。「自分自身の正当な権利を主張しない者は家畜にも劣る」と言ったのはドイツのイェーリングであるが[22]，アメリカでは，まさにそうした自己決定，自己主張のできないものは人権の担い手たりえないといっても過言ではない。したがって，この場合には，人権は誰かによって与えられるとか，何かをすることが許されているといったことを意味するものではない。むしろ，人権に基づく行為であれば，政府や議会であってもそれを非難したり処罰したりすることはできないということ，したがってアメリカ的人権概念にはそうした集団的決定に対して対抗する権利という意味あいが強い。あえていえば，それは「法律に違反する権利」なのである。

◆民主主義と立憲主義

　いわゆる違憲審査制度を発展させたのはアメリカであるが，これも，上に述べたようなアメリカ的人権概念に負うところが大きい。個々の裁判の場において，自らを裁くべく適用される法律が憲法上の人権侵害にあたるという主張を裁判所が採用すると，民主的手続きにしたがって合法的に成立したものであっても，その法律自体が無効になってしまう（＝法令違憲，なお具体的な個別ケースについてのみ適用できないという適用違憲という仕方で法令の適用を排除する場合もあ

22）　イェーリング1982年参照。

る)。立法，司法，行政の三権が平等な立場で相互均衡をはかる制度とされる権力分立体制のなかで，違憲審査権は立法権に対しても優位に立つ第4の権力とされ，民主的コントロールが利かない司法部がそれほど強い権力を握ってしまうことは民主主義に反するという批判もある。権力分立と司法部のもつ違憲審査権は，多数決民主主義とは対立する側面をもつのである。

　法律による全体的な規制に対する各人の権利主張とそれを最終的に認めてくれる司法権を第1に考える傾向は，英米法の判例法主義の伝統ともつながっている。権利に先だって法があるのではなく，各人がそのつど主張する権利を裁判所が認定したものの蓄積が法にほかならない，という考え方である。

　人権感覚に関して，日本はフランスやアメリカとは明らかに異なる。高校生までもが大規模なデモを行うフランス，基本的に警察を信用しないアメリカを考えてみれば，このことは明らかであろう。同じ敗戦国としてしばしば日本と対比されるドイツを見てみると，その憲法（正確には基本法）第1条に「人間の尊厳」という言葉が登場する。これは，人権の基礎にあるのが「人間」であることを示している。これに対して日本国憲法が保障する人権は，基本的に日本「国民」のものであり，国民を超える視点は感じられない。日本国憲法に初めて導入された「違憲立法審査権」に関する解釈論としては普通，法令を無効化する憲法条項とは具体的には主に人権条項のこととされている。だが，実際の裁判で司法に与えられたこの権限が行使されることはこれまでほとんどなかった。法令そのものを違憲とした判決（法令違憲）は現在までに8件しかない[23]。戦後50年の間に500件を超える違憲判決を出したとされるドイツ連邦憲法裁判所とは雲泥の差である[24]。

　なぜこれほどの違いが生じるのか，それ自体検討に価する重大な問題であるが，これについては日本社会のあり方（「社会」と言えるものが成立しているかどうかを含めて）そのものを問題にしなければならないため，ここでは問題を指

---

23) 具体的なケースについては，山田隆司2012年参照。
24) この点については，日本弁護士会の制作になる映画『日独裁判官物語』（Column 4）を参照されたい。

摘するにとどめたい[25]。ただ，本書の基本テーマとの関連性は指摘しておきたい。日本では，殺してはいけない人とは「国民」であって，「人間」ではない可能性がある。というのも，世論調査などを見ると，殺人者などの「凶悪犯」にはもはや「人権」を認める必要はなく，生きる権利はないとする意見が少なくないからである。死刑を廃止して久しいドイツを含むヨーロッパに比べて，日本ではそうした理由から死刑を肯定する世論が多数を占めている。「人を殺してはならない」という，キリスト教倫理でも最初にくる禁止条項をまじめにとるならば，たとえそれが個々人の生命を脅かす犯罪者であれ，国家の存立を危うくする敵であれ，それらを殺すことに対しては一抹の躊躇を覚えるのではないだろうか。だが，少なくとも私の感触からすると，世論や学生の反応に見られる死刑肯定論の根底にあるのは，そうした躊躇を伴わない直感的判断であるように思われる。

　そうした直感を単純に軽視できるわけではないが，他人の命や存在を否定するような判断には，より慎重な配慮と反省が必要であろう。特に「死刑」については国連においてもEUにおいても廃止条約が成立している。グローバル化している現代世界において，特に人の移動が国境を超えて大規模に生じている状況において，日本独自の刑事政策を外部に向けての十分な説明もなく維持することは困難であろう。その意味で，殺してはならない「国民」と，場合によって殺してもよい「人間」との異同を明確化する努力が必要である。もちろん，このことは決して日本だけの問題ではない。いわゆる「反テロ戦争」というスローガンの下で，テロリストとその容疑者に対しては人権を認める必要がないとする昨今のアメリカの（一部の人々の）姿勢についても，批判的検討がなされるべきである。「殺してはならない」「約束は守るべきだ」といった結論そのものに異論がないとしても，その理由が異なれば，その例外の幅も異なり，具体的なケースについての扱いは大きく異なることになるからである。

---

[25]　さしあたり，青山1998年，同2002年，同2008年を参照されたい。

★ *Column 2* 　映画『評決のとき』

　1996年公開のアメリカ映画で，監督はジョエル・シュマッカー，原作は同様の法廷ドラマ"The Farm"などでも有名なジョン・グリシャムの処女作"A Time to Kill"である。

　詳しいストーリーは省略するが，基本的にはアメリカの黒人差別を問題とした映画である。白人の青年2人によって幼い娘を暴行，強姦された黒人の父親が裁判所でこの2人を射殺した。その父親の裁判をめぐって白人至上主義団体KKKも登場し，判事や検事など法曹関係者の人間関係や市民相互の争いも描かれる。父親の弁護士（白人男性）が陪審員に向かって語りかける場面が印象的である。すなわち，彼は最後に，酷い暴行を受け不妊の身体にまでされた少女がもし白人の子であったなら，と想像してみて欲しいと訴えるのである。

　評決の結果は「無罪」である。この評決について，素直に納得する日本の学生はほとんどいない。事情がどうであれ，「人を殺した」ことに違いはないのだから，（例えば執行猶予等の）軽い刑にするのは分かるが，全くの「無罪」というのは理解しがたいというのが多くの学生の反応である。学生ばかりでなく，おそらくほとんどの日本人が示す反応であろう。

　人を「殺すkill」ということと人が「死ぬdie」ということが区別される際の基準は，もちろんそこに人為的操作が加えられたかどうかであろう。しかし，人為的操作といっても多様なことが考えられる。交通事故などについても最近は厳罰化の傾向が顕著に進んでいるが，それでも「殺人」とは区別されている。しかし，考えようによっては，これも「不注意」という人為的ミスによる「殺し」と言えなくもない。公害による死，いじめによる自殺などは直接手を下してはいないにしても，間接的には人為的「殺人」と見ることもできるはずである。「安楽死」「尊厳死」もまた，消極的，積極的の違いはあるにしても，客観的に見れば人為的操作による「殺人」であろう。だが，治療行為を中止するといった消極的安楽死の場合，killという言葉は使われず，"let ~ die"（死ぬに任せる）といった表現が使われる。

　日本の場合，意図的「殺人」に対比されるのは過失「致死」である。過失致死には傷害致死や強姦致死，業務上過失致死などさまざまな類型があるが，殺人と過失致死との量刑の差は非常に大きい。これに対してアメリカでは，同じ「殺人」にも1級，2級といった区別がある。この映画にも「正当殺人justifiable murder」という言葉が登場する。これは，あえて日本で対応するものを探すとすると「正当防衛」による殺人であり，実際にあった服部君事件でも分かるように，「正当」と認められる殺人の範囲が日本に比べて広いようである。これは，禁止される「殺人」の意味がそれほど自明でないことを示しているのではないか。

第3章 「殺す」とはどういうことか

1 死の意味　　自然死，病死・災害死，殺人

◆殺人の意味

　凶悪犯罪として真っ先に思い浮かべられるのが「殺人」であり，罵倒語として最も強力なのも「人殺し！」ではないか。しかし，同時にわれわれは「殺人」が好きでもあるようだ。なぜなら，殺人事件は好んで小説や映画の題材になり，ニュース報道にも多くの人が関心を示すからである。われわれが「殺人」に魅了されるのは，殺人が優れた生き残り戦略であり，殺人への志向は無意識の深層心理に発しているという研究（進化心理学）もある[1]。それによれば，殺人を犯すのは異常な精神をもった常習者であるとか，激情にかられて理性的抑制がはずれた場合だとする常識的な見方は，いずれも誤っている。客観的統計資料によると，男性が男性を殺す割合が文化を問わず9割を超えており，殺人が起こる理由を社会的環境に求める説も，脳の障害に原因があるとする病理説や経済的不平等などの社会的特徴を引き合いに出す社会学説も限定的にしか妥当しない。われわれは生殖をめぐる闘争に勝った者の子孫であり，人間進化の長い歴史の中では，殺人は進化上の成功を収めるための非常に効果的な手段だった，というのである[2]。

　このような知見は，もちろんすべての殺人の理由を説明することにはならないし，殺人に口実を与える可能性もあるが，同時に，殺人が異常な行為であり，その多くが見知らぬ者によって行われるという誤った見方を正してくれる。殺人は顔見知りや身内の間で起こる割合の方がはるかに多いという事実は，外国

---

1)　バス2007年：11頁。
2)　同上52頁。

人を犯罪予備軍のように考えるのが時代錯誤であるだけでなく，事実誤認であり，深層心理の回路を理解し，作動しないような環境を作れば，原理的に殺人は防ぎうるということを教えてくれる[3]。また，殺人者に対して死刑を求める心理も，こうした深層心理に影響されているのかも知れないということや，身内の間での殺人が少なくないということは加害者が同時に被害者遺族でもあるというケースがあることに気づかせてくれる。この点は日本における殺人についても，同様のことが指摘されている[4]。

　人が死ぬ原因や死に方は多数あるにもかかわらず，なぜ「殺人」が特別視されるのだろうか。それはもちろん，人為的，意識的な「行為」によってもたらされる死だからであろう。ところが，この「行為」とは何か，人間の行う一連の振舞いのなかでどこに区切りを入れて1つの行為とするかがまず問題となる。例えば，「昨日あなたはいくつの行為をしましたか」と聞かれたら，どのように答えたらよいのだろうか。もしかすると，「何もしなかった」と答えるかも知れない。しかし，朝起きて，歯を磨き，食事をして，トイレに行き，……といった一連の行為はしているはずだし，「食事をする」という行為もごはんを一口箸で口に運び，顎を動かして，お茶を飲み……などとさらに細かく分けて数えることもできる。

　ベンサムも，『道徳および立法の諸原理序説』のなかで，「ある行為がどこで終わって，他の行為がはじまるのであるか。起こったことは一つの行為であったのか，多数の行為であったのか（このような区別は法廷手続きの過程でしばしば問題になる）」という問題を提起し，「このような問題が同様の正当性をもって，正反対の方法で解決されたことがあるということは，今では明らかである。そして，このような問題に一つの方法で回答することができるような場合があるとすれば，その解答はその場合の問題の性質と，その問題が提出された目的に依存するであろう。」と答えている[5]。要するに，行為がどのようなものとして規定されるかは，そのつどの問題の文脈に依存するということである。

---

 3) 同上292頁。
 4) 河合2009年；218頁。
 5) ベンサム1979年；153頁

とすると,「殺人」という行為も文脈に応じてその意味が変わりうるはずである。犯罪としての「殺人」,堕胎罪には当たらない「中絶」,法律が求める「死刑」,正義の名の下に行われる「聖戦ないし正戦」,相手に対する慈悲心によって正当化される「安楽死」,自己決定を根拠とする自殺や「尊厳死」,自己防衛の名目で許容される「正当防衛」や「自衛戦争」等々。これらが区別される文脈ないし意味の違いはどこにあるのだろうか。特に,「不正な殺人」と「正当化可能な殺人 justifiable murder」を区別する根拠となるのは何だろうか。それは,今挙げた各種殺人行為を形容する際に用いた正当化根拠によって示唆されている。簡単に言えば,意図と行為との関係だといえるだろう。この意図ないし意志と行為との関係については,すでに述べたように,自由意志と決定論との長い論争があるし,最近の脳科学が興味深い論点を提起している。この点については後述する(本章第4節)こととし,ここでは,再度ベンサムの議論から考えてみよう。

◆意図と行為の関係

ベンサムは,意図と行為との関係を6つに分析している[6]。その第1は,意図が行為そのものと行為の結果に対してどのような関係にあるか,に関する区別である。行為のみを意図し結果は意図していない場合とは,人に触れる意図はあっても殺す意図はなかったのに結果として殺してしまったというように,刑法の用語を使えば過失致死に当たる場合である。また,結果については意図的であっても,行為の過程すべてが意図的でない場合がある。例えば,ある人を殺そうとして体当たりしたが別の人にぶつかってしまい,そのはずみでその人が目的の相手を殺してしまったという場合,あるいは,別の人が自分より先に意図的に同じ相手を殺した場合である。刑法学では,共犯ないし因果関係の中断として論じられている問題である。ベンサムは,最初の段階で意図的でない行為は結果について意図的であることはありえないと言う。しかし,当初過失によって(つまりは殺す意図なく)車で人をはねて軽傷を負わせ,そのまま放置したことで別の車に牽かれて死亡したといった場合のように,結果に対して

---

[6] 同上158頁以下。ベンサムは「傷つける」という行為を問題としているが,ここでは「殺す」行為に置き換えている。

も意図的でないとは言えない場合がある[7]。

　これが第2のケースに関わってくる。すなわち，ある（ここでは人の死という）結果について，当初の行為から結果までが一貫して見通されている場合と結果が予見されるが意図されていない場合の区別である。ベンサムは，前者を「直接的な意図」，後者を「間接的な意図」と呼んでいる。先の例では，道路に放置することでその人が死ぬことは「直接的に」意図されてはないが，もしかすると死ぬかもしれないという予想はできる。これは，その後「二重効果論」と呼ばれる考え方である。例えば，カトリック教会は，母胎が危険である場合でも中絶を容認しない。つまり，中絶するという行為は「直接」胎児を殺す行為であるから認められないが，妊婦がたとえ死んだとしても，それは「直接」意図されたものではないから「殺人」には当たらないという理屈である。これはまさに，「二重効果論」に基づいた中絶禁止正当化論である。

　ただし，この議論は，少なくとも中絶に関しては，全く逆に用いることもできる。中絶が問題になる状況は，次のような比喩によっても記述できるからである。すなわち，ある日目を覚ますと見知らぬ誰かと血管でつながれていて，もし勝手にその接続を解除してしまうと，その見知らぬ人は死んでしまう。女性にとって妊娠とはそうした状況に等しいというわけである[8]。少なくとも，女性自身が望んでいない妊娠の場合，この比喩は適切であるように思われる。ただ，問題は，レイプのような典型的な場合以外でも，無知による避妊の失敗や不注意の場合，あるいはその後の生活環境の変化によって気が変わった場合でも，妊娠がわかった時点では「望んでいない」と言えることである。したがって，知らない間につながれてしまった場合でなくとも，その時の「直接の意図」は自己防衛であって，胎児が死ぬことは「意図されていないが予見される結果」にすぎないから，中絶は「殺人」には当たらないと主張することもできそうである[9]。中絶問題の場合であれば，議論は普通ここから，胎児は殺してはいけ

---

7) 下条1966年には，「無自覚の故意」「無意識の殺意」といった「形容矛盾」の事例が取り上げられている（266頁以下参照）。
8) トムソン1988年；83-84頁。
9) 岡本2002年；35頁。

ない（人格＝生きる権利をもつ）「人間」に入るのかどうか，という議論が展開される。これは，いつの時点から生存権をもつ「人間」となり，いつから「人間」でなくなるかという，いわゆる「線引き問題」である。これは，行為対象に関わる問題であるので，ここではベンサムの議論に戻って「行為」に注目することにしたい。

　ベンサムは，第3に，直接的な意図による行為について，さらに「究極的な意図」と「中間的な意図」を区別している。具体的には，ある人を殺すこと，例えばその人への憎しみから殺すこと自体が目的であった場合と，その人の財物を奪う目的で殺した場合の区別である。そして第4に，直接的な意図は，さらに排他的な意図と非排他的な意図に区別される。つまり，その人を殺すことだけを意図し，起こりうる他のすべての出来事は全く意図されていなかった場合が排他的意図と呼ばれるのである。例えば，特定のある人を殺す意図はあっても，近くにいる人を殺す意図が全くない場合と，そうした人が巻き添えになってもかまわないと考えていた場合との区別である（第1章第1節参照）。さらに第5に，排他的意図は連結的（分離的）なものと無差別的なものが区別される。ベンサムの説明によれば，これは，足を射るか手を射るかを意図的に区別した場合が連結的（分離的）であり，どちらでもいい場合が無差別的な意図ということである。最後の第6の区別は，分離的意図の場合，そのどちらかが好まれた場合と，そうした好みとは無関係な場合との区別である。

　こうした区別の観点はそれぞれ異なるものの，意図と行為，ならびにその結果を因果関係のなかで捉えようとする見方であると言えよう。ベンサムは，このような分析の後，一般に「よい意図，悪い意図」と言われることがあるが，それは曖昧かつ不正確な言い方であって，善悪は意図ではなく，結果を生み出す諸事情に関する認識，すなわち「意識」と意図を生み出す「動機」に属する問題だとして，意識と動機の分析に移っている。そこでもなお，過去，現在，未来に関する事情（因果関係）についての配慮があったかどうかを行為の善悪の基準としているからである。彼自身の上げる例で言えば，自分が射た矢に毒がぬってあったかどうか（過去の事情），今矢を射る先に人がいるかどうか（現在の事情），傷の手当をする者が近くにいるかどうか（未来の事情）についての

熟慮が十分になされたかどうかが問題とされている。そして，こうした分析に基づいてローマ法の概念を批判する。ローマ法では直接的な意図と間接的な意図のいずれも「故意 dolus」と呼ばれるが，「公然たる力」の意味にまで拡大されているために広い意味での過失に含まれている。また，重過失 levis，過失 cupla，微過失 levisina といった区別は実体上の区別ではなく，裁判官の感情による区別にすぎない。したがって，故意という概念は捨てて過失ということばだけを残せばよいのだ，と。

ベンサムによれば，「動機が善または悪であるのは，ひたすらその結果による」(1979年；177頁)のであり，「どんな種類の動機であっても，それ自体として絶対に悪いものはない」(同193頁)。例えば，親が子育ての苦労を避けるために子どもを殺してしまった場合「残虐だ」と言われるが，結果と切り離して考えるならば，単に行為者の動機は「不愉快だから」に過ぎないと。つまり，「陳腐な道徳観」に基づいて行為の動機に適用される名称としての「色欲」「残虐」「貪欲」なども，結果と別にそれ自体を考えてみれば，それぞれ「性的欲望」「不愉快」「金銭的関心」にほかならず，人間にとって不可欠の正当な動機でありうるというのである。

◆殺人への関心

さて，このように考えてくると，「殺人」が単に非難の対象としてだけでなく，人々の飽くなき関心を引く特別なものに見える理由を捉える手がかりがもう少しでつかめるところにきているように思われる。その意味で，最後に引いたベンサムの捉え方は重要である。単純化していえば，具体的な当事者以外の者にとっての殺人の意味と当事者(特に殺人者)にとっての意味とは異なるのである。この点については，カミュの小説『異邦人』の主人公ムルソーのことばが有名である。彼は裁判で殺人の動機を問われたとき，「太陽がまぶしかったから」と答えている。日本にも武田泰淳の小説『ひかりごけ』にこれと似たシーンがある。そこで描かれるのは，冬の海で遭難した漁師が死んだ仲間の肉を食べたことが摘発されるという事件であるが，やはり裁判の場で被告人は，「人を食べたことのない裁判官に裁かれても裁かれた気がしない」と叫んでいる。これらはいずれも小説のなかでの話であるが，最近，現実に殺人罪で裁かれ，

第 3 章 「殺す」とはどういうことか

連続幼女殺害事件で世間を騒がせた宮崎勤とともに処刑された（2008年6月）陸田真志の手紙によっても，このことは確認できる。彼は次のように書いている。[10]

> （死刑が究極の刑だとする一般的な見方を批判して）私も皆も，どうやってもいつかは死ぬのです。死ぬ事が当人にとって非常に不幸で，贖罪となるなら，全ての人の全ての罪は初めから許される事は決まっており，何をしても最後には，許されてしまうものになってしまうように思えるのです。……（この国を出て，その法律を捨てることをしなかったという意味で）私が選んだ法律上の罰を受けるのは，至極当然の事で，それら（法律，刑罰）も私の「贖罪」とは全く関係が無く，言ってしまえば，かすりもしないのです。

彼との往復書簡の相手である池田晶子は，「金銭欲を満たすためには手段を選ばず，人命を奪うことも辞さない被告人両名の自己中心的かつ短絡的な態度」という判決文を引用しながら，「『金欲しさで人を殺した』なんて，わかり易い説明は，私にはわかりません。『人を殺す』というのは，人間の経験のうちで，最も尋常ならざる何事かであるはずなのに，人の世は相も変わらず殺人ばやりで，殺さない側の人びとも，もう慣れっこになっているのか，そんな説明で事足りて，それ以上考えようとしない。そういう人びとが，やはりあまり考えもせずに，次に人を殺すようになるのではないか。……そもそもそれ（＝人を殺すということ）はいったい『どういうこと』なのか」と問いかけている。[11]

これに対して陸田は，金目的というより嫉妬心だといった分かりやすい「動機」を語りながらも，「自然的統一への無理な渇望」が殺人へ駆り立てる原始的欲求だとして，およそ次のように書いている。[12] 理性（および自我）を持ちながら，未だにそうした原始的観念を制御しきれていない不統一（不自然）な存在である我々は，その理性によって統一を目指していながら，それが分からないまま，それでも完成（統一）を求める一部の精神が，その最大の障害である「殺人」によって理性を乗り越え，「自殺」によって自我を乗り越えることで，それが果たせると誤信するのだ，と。そして最後に，「人が人を殺す」という絶

---

10) 池田・陸田 1999 年；20 頁。
11) 同上 194-195 頁。
12) 同上 212 頁以下。

対の苦悩を,「公」である死刑執行官たちが背負っているという事は,世のすべての人がいまだに同じように「人を殺す」という状態にあるのだ,とも述べている。

◆「故意」は自明ではない

行為を因果関係の図式で捉える限り,例えば,「感情や衝動→理性的選別(意識)→意思→行為」といった一連の過程のなかで行為は生じると見なされるであろう。こうした因果関係のなかで理性や意識がどのような役割を果たしているかということについては,従来よりさまざまな見解がある。意識的,自覚的に選択しているように思えても,実は無意識的欲動によってコントロールされているというフロイトの発想や,紀元前1千年以前の人間にとって行為は意識をスキップした選択によって発現していたとするジェインズの考古学的見解[13],あるいはまた,意識を引き起こす脳の働きより前に身体を動かす脳シナプスの活動がすでに起こっているとして自由意志の存在に疑問を提起する脳科学者もいる[14]。先に引いた陸田も,殺人を実行する際に障害となるはずだと普通の人が考えるような流血とか内臓のグロテスクさ,相手の家族などへの思いは理性的精神にとっての障害にすぎず,「殺す」という「純粋(原始的)観念,つまり『衝動』が本当に存在している『自己』」にとっては何の障害にもならず,「観念と行為が一体化している」と書いている[15]。

ここで確認しておきたいことは,人間のある振舞いが「行為」とみなされる時に前提とされる「意識」(故意)というのは,それほど自明なものではないということである。

2 自死から自殺へ(死の自己決定?)

◆自殺という行為

「人を殺す」という「行為の意味」をさらに考えてみるために,自殺の問題

---

[13] 高橋由典1996年;46頁以下参照。
[14] リベット2005年。
[15] 池田・陸田1999年;209頁以下。

を取り上げよう。というのも，自殺は，普通，行為選択の因果連鎖の中核にあると考えられる理性的意識自体を喪失させる行為と見なしうるからである。しかも，普通，自殺こそ最も意識的に行われるものであり，その意味で最も人間的行為だとも考えられるからである。その点で，意識を行為選択の主体と考える限り，自殺は実に不合理ないし不条理な行為である。自殺をどのような行為として捉えるかは，上の陸田の議論（自我の乗り越え）にもあるように，倫理的，哲学的に重要な問題であるが，法的にも無視できない問題をはらんでいる。というのも，もし，自殺が全く個人的な実存的決断の問題であって法が介入する余地のないものだとすると，自分自身の意思に基づく安楽死や尊厳死を介助する行為（自殺関与）を処罰する根拠が失われるからである。法的な問題として考える前に，他殺との関係に即して，より一般的な立場から自殺の意味を考えてみよう。自殺をどう捉えるかはそれぞれの文化における死生観に関わるものであるが，ここではまず日本の場合を見てみたい。

「自分を殺して生きる」という言い方があるように，どうも日本では「自殺は美徳」とされる傾向があるらしい。実際，自殺してしまった者に対しては，それがたとえ殺人者であれ，無理心中をはかった者であれ，表だって批判することははばかられる。死ねば皆仏になってしまうためか，死者の責任を追及するということはまずない。というより，そういうこと自体が死者に鞭打つこととして批判の的になる。しかも，日本で「自殺」ということばが定着したのは明治になってからであり，それまでは「切腹」「入水」「心中」「情死」「相対死」「自決」といった倫理的に中立的な言葉しか用いられておらず，これらを包括する概念としては「自死」しかなかった，と言われている[16]。西洋では神と人間の結びつきが悪魔によって破綻させられた場合，あるいは精神異常の場合に自殺が起こると考えられたのに対して，日本では自殺は全く罪悪視されておらず，むしろ「明白な，そして全く人間的な真実の開示であった」ことが具体的に例証されてもいる[17]。

「腹に一物」「腹黒い」「腹を割って話す」など，日本には「腹」を使った比

---

16) 上田2002年；335頁。
17) パンゲ1986年；263頁。

喩的表現が多い。武士階級の「切腹」も，自分の悪意や邪心のなさを明らかにする，その意味で究極的に「腹を割る」という意味をもっていた（もちろん，「詰め腹」という言葉が示しているように，家の名誉と存続のために無理強いされる場合も少なくなかった）。「心中」も，相手への誠実さ，真心の証し（忠）とされ，むしろ肯定的に捉えられていた。また，仏教にいう「往生」とは「あの世に往って，再び生まれる」ことを意味し，死は一概に忌避されるべきものではなかった。それがなぜ，現在のわれわれは一般に，自殺を望ましくないものと捉え，自殺を防止しようとするのだろうか。パンゲによれば，それまで「真実の開示」という意味をもっていた「自死」が「自殺」として否定的に評価されるようになるのは，人々の「忠」を独占する必要のあった江戸幕府によって特定の個人への忠に基づく「心中」が犯罪とされ[19]，すべての死を天皇に仕えるという点で評価しようとした明治政府によって「自殺に関する罪」が処罰化されるようになってからのことであるという[20]。

◆自殺は罪悪か

このように，自殺を罪悪視する見方にはその時々の政権の政治的思惑が関係しているのはほぼ間違いないことであるが，その際の理由づけはどうなっているのだろうか。この点でまず考えられるのは，現実の思惑がどうであれ，生命の価値を最優先する考え方であろう。つまり，自殺も人の命を奪うという点で殺人と変わりはないということである[21]。しかし，この立場をつらぬこうとすれば，戦争や死刑を含む一切の殺人を否定しなければならない。この立場に立つアウグスティヌスも，すでにみたように殺人の禁止は「罪なきもの」に対してのみであるというキリスト教の考え方を受け入れ，正しい戦争や死刑を認めている。それでもなお自殺が許容されない「殺人」だというのは，法の認可を

---

18) 山本博文2003年参照。
19) パンゲ1986年；275頁。
20) 同上288頁。しかも，「皇国日本のユートピア」という信念の下に「相手は生きている値打ちがない」という名目で〈誅殺〉が正当化され，そういう信念の固まっていない者でさえ，〈意志的な死〉というものが「無私の証明」となって，暴力をも正当化したという（同323-324頁）。
21) 以下の記述は，ランツバーク1977年に負っている。

受けずに個人の権能において行われるからだとされている。

この場合，「法の認可」というある種客観的な観点がどのようにして成立するのか，ということが問題となる。ソクラテスから古代ローマ法まで，救われる見込みがなかったり，生きていられないほどの恥辱を受けた場合の自殺は道理にかなった行為と認められていたが，怠惰や臆病のための自殺は分別を欠いたものとして断罪の対象とされた。アリストテレスにあっては，「自分自身に対して不正をはたらくことが可能か」という問いに対して，怒りにまかせた（無分別な）自殺は自分自身に対する不正ではなく，ポリスに対する不正だとされる[22]。それは，自分が自分に対して不正をはたらくとすれば，自ら不正をなすと同時に自ら不正をなされるということになるが，人は自ら進んで（分別をもって）不正な行為をなされることはありえないからである。したがって，自殺は自分自身に対する不正ではなく，ポリスに対する不正なのである。

自殺と他殺を区別しない立場を一貫させるためには，死一般を悪として避けるべきものとしなければならないが，そうすると，キリスト教徒における殉教のように，死に至る可能性のある行動をあえてすることについてはどう考えるべきか。現在の文脈では，戦争はもとより，車を運転することや冬山登山，あるいは溺れている人を助けることなども，危険の大きい行為である。デュルケームによれば，自殺とは「そうした結果が起こるかも知れないということを知りつつ行った行為から直接，間接に引き起こされる死」である[23]。つまり，今あげたような危険な行為も自殺の定義に当てはまる可能性がある。起こりうることを容認しつつ，そうした結果を引き起こす可能性のある行為を意思することを法律用語では「未必の故意」というが，この立場では「未必の故意」による自殺も許されないということになりそうである。そうだとすると，自分を犠牲にしても他人を守ろうとするような，普通は倫理的に高く評価されるような行為も，全く反対にマイナスに評価せざるをえなくなる。

われわれが他人のために犠牲になる行為を賞賛するのは，自他の勾配に関する直観があるからではないか。あるいは，自分の死から逃げないということと，

---

22) アリストテレス1971年（上）211頁。
23) デュルケーム1985年；22頁。

自らに死を与えることとを区別しているからであろう。これは，自殺を最高の責任のとり方とする風潮のある日本では重要な論点である。というのも，現在の日本ではとかく生命を第一義に考える傾向があるようだが，もしかすると，その場合の生命とは社会全体がともかく円滑に動いていくことにほかならず，個人の生命などは2次的なものだということではないかと疑われるからである。つまり，その背後には，そういう社会の動きを停滞させるような失敗を犯した場合には「潔く」それを認めて死ぬことが正しいのだというメンタリティがあるのではないか。実際，政治の世界においても，政治家や官僚が責任をとる最も優れた方法は職を辞すること（政治生命を絶つ）と考えられている。

◆自殺否定論の論拠

　これに対してはもちろん反対論もある。そんな行為は単なる責任逃れであるという考え方である。現在の問題を解決することこそ与えられた責任を全うすることだという弁明に，それは現われている。そしてそれは，自殺するのは臆病者のすることだとして批判する立場につながる。だが，これについては，日本にかぎらず，自殺を思いとどまる方がむしろ多いのだから，自殺する者の方こそ勇気があるのだという見解も成り立ちうる。したがって，臆病かどうかという論点は，結局水掛け論に終わり，あまり説得力があるとは言えない。自殺が生からの逃避を意味するのか，未知ではあるが現状よりもよいものを求める勇気ある行動なのか，あるいは生きることに絶望しないためにする自己愛の行為か，それはいずれとも決定できない問題だからである。これには，人間の時間意識の差が大きく影響する。

　これに対して，自殺を否定するもう1つの論拠として，自殺は人間の自然的本性に反するという考え方がある。神によって創造された人間は，存在すること＝生きることが神の創造秩序にかなうことであり，自殺は「汝殺すなかれ」というモーセの戒律に違反するだけでなく，悔い改めの機会を失うがゆえの大罪とされる（トマス・アクィナス『神学大全』[24]）。これについては，人間は生きることよりも重要なもの（例えば自由や名誉）を求める存在であり，無条件に生を

---

[24] 創文社版第18冊（1985年）173頁。トマスがキリスト教以外のギリシア哲学を典拠としていることについては，アルヴァレズ1974年；75頁参照。

愛するものではないという事実によって反論できるであろう。確かに，人間も生物としては本能的に生きようとする傾向をもつということは言えるかも知れない。人間のもつ自然権を社会の平和のためには主権者に完全に委譲しなければならないと説いたホッブズも，そうした生存本能に基づく権利，例えば死刑執行を免れようとして抵抗することまでは否定できなかった。だが，「自然的本性」という捉え方自身，言語を獲得したことによって時間を超え，眼前にある事物にのみ拘束されない抽象能力をもってしまった人間にとっては，一元的な意味をもたない。そうした能力自身が第2の「本性」とも言えるからである。実は，この考え方の基本にあるのは，生死を決定できるのは神のみであるという考え方である。それによれば，自殺だけでなく，安楽死はもちろん尊厳死も認められないことになる[25]。

　創造神に由来する存在秩序を根拠とする自殺禁止論に対して，啓蒙期には，自殺は自分自身を自分の目的を達するための手段とすることになるから，人間性に反するという考え方が生まれる。カントの場合，この人間性を担うのは，経験的な世界における身体をもった人間（現象人 homo phaenomenon）ではなく，自己の人格の内なる人間（英知人 homo noumenon）である[26]。つまり，生きている限り人格であることを免れない人間がその人格における道徳性の主体を絶滅させることは，道徳性そのものをこの世から根絶するに等しいことなのである。ただし，経験的現実世界においては，殉教や祖国のために命を犠牲にすること，不当な死刑判決に抗議して自殺することの是非などの問題があることをカントは認めている。英知的道徳性の世界と現実の世界との関係は，人権と人権の対立や「人間の尊厳」という概念が何を意味するかといった形で，今でもなお問題となっている点である[27]。

◆現実的な自殺否定論

　そこで，もう少し現実的な自殺否定論を考えてみると，人格とか道徳性といっ

---

[25] 下条1966年：99頁，226頁以下参照。
[26] カント1969年，徳論の第1部第1章の第1項「自殺について」。
[27] 人権や尊厳が何らかの「人間性」という本質的性格に基づくのか，それとも個々人の異質性，個性に基づくのかという点については，青柳1996年，ヨンパルト2000年，押久保2000年を参照。

た理念的なものではなく，現実の家族や社会，ひいては祖国に対する義務に違反するという見方がある。否定論のなかではこれが最も説得力があるのではないかと思われる。殺人禁止の理由としても，殺される人の遺族の損失や悲しみがあげられることがある（学生の回答でも，こうした理由をあげる者が多い）。この議論の基礎にあるのは，人の命は個々人の身体に閉じ込められているのではなく，周囲の他者たちと分かち合われたものだという考え方である。それが象徴的に物語化されたものが，トリスタンとイズーの神話であり，シェークスピアのロミオとジュリエットの物語である。言い換えれば，人の命は生物学的な個体としての身体に閉塞したものではなく，その死は，単にその個体が亡くなる（死亡）ことに還元されず，「生者を囲い込み，おびやかし，生者はその死を共同的に生きている」ということである。現在の「脳死」概念に見られるように，ある時点で生と死が劃然と区別されるのではなく，死は時間的な流れをともなうプロセスであり，他者もそのなかに巻き込まれているという意味で「死は共鳴する」ということである。[28]

　各人にとって誰にも代わってもらうことのできない唯一のものであるはずの死でさえ，社会的な意味づけを免れることができないのである。現在から見ると統計的にも問題が指摘されているが，データに基づく社会科学的な研究の嚆矢とされるデュルケームの『自殺論』は，自殺を3つの類型に分類している。祖国や自分の属する集団のために自分を犠牲にするような「集団本位的自殺」や社会的制約が緩んだために肥大化した個々人の欲望が満たされなくなって起こる「アノミー的自殺」（アノミーとは「神の法の無視」を意味するギリシア語）が社会的な原因で起こることは当然としても，「自己本位的自殺」と呼ばれるものも，自らを一体化できる拠り所を失うことによって生じるとされている。少なくとも，他と隔絶した個別的心理的要因によってだけでは自殺を説明することができないことは，ある程度客観的に証明されたと見ることができるであろう。

◆自殺肯定の論理

　これに対して，自殺をむしろ倫理的に肯定する側の論理としては，人間は無

---

28)　小松1996年；180頁参照。

条件に生を愛し，意思するものではない，臆病なために自殺しないものの方が多いのであって自殺は臆病者の行為ではない，自殺を断罪することはどんなに抑圧されても生き延びることを命じる奴隷道徳である，人間は自分が選んだのでもないのに自らにふりかかるもの，必然の下に生きるべきではなく，激情や狂信によってではなく理性的で自発的な自殺こそ人間にとって最大の自由である（ストア），といった議論がある。最後のものが，最もラディカルかつポジティヴな自殺肯定論と言えよう。すなわちそれは，自殺するということが他の動物にはない最も人間的な行為であるという考え方だからである。個々人の自律と自由（「死の自己決定権」）を最も尊重する自由主義も基本的にはこの延長線上にある。

　だが，自殺を最大の自由の実現とする見方からすると，自殺したくとも病気などのために自力ではできない者の殺害依頼を断わることは本人に対する最大の侮辱となり，自殺関与罪・同意殺人罪（刑法202条）を正当化することはできなくなる。実際，ヨーロッパの国々では，「自殺意思を尊重し，かつ承認する」という原則の下，安楽死の許容範囲が広がり，自殺関与は処罰対象とされなくなっている[29]。

　このような考え方は，自分と他人を劃然と区別することから出発しているが，果たしてこのような人間観は実情に即したものであろうか。おそらく平均的な日本人の考え方では，たとえ「望ましくない」としても，自殺においては加害者自身が被害者でもあるのだから結局どうしようもないではないか，ということになるのだろうと思われる。だが，同時に脳死，臓器移植の現場では本人の意思より，少なくともそれと同程度に家族の意思が尊重される。肉親はこの場合「他人」ではないのだろうか。「肉親」とはよく言ったもので，肉の親，自分の肉体は親からもらったものだから，自分の肉体を傷つけたり，殺したりすることは，親に対しては「申し分けない」ことなる。したがって，親を殺すことはもってのほかだが，逆に親が子を殺すことは場合によって許される。もしそうだとすると，「他人」ではない肉親を殺すことは許されるという理屈になっ

---

29) 上田2002年（第8章）参照。

てしまい，子どもを「道連れ」にした無理心中は「仕方がない」ということになろう。夫婦は結局「赤の他人」といわれたりするが，血のつながった親子関係にある者どうしは完全な「他人」ではないようだ。血縁関係を基準に考えると，他人の「他人性」には程度の差があることになる。

これに対して，キリスト教的な考え方では，親子の関係など神の前では何の意味もない。むしろそうした絆を断ち切ることこそ求められる。日本にも「子は授かりもの」という言い方があるが，その意味は全く違う。西洋では神からの「預かりもの」だが，日本における「授かりもの」は「もらいもの」「めっけもの」，西洋においては母胎内のある時期に魂が吹き込まれる，独立した生命であるのに対して，日本には独立した魂などという考え方はなく，親や家にとって「子は宝」であるにすぎない。

このように，日本で自殺が断罪されないのは，決して西洋的な個人主義のためではないことが分かる。キリスト教の影響が強い西洋諸国でも最近は「死ぬ権利」が主張されている。日本の特殊事情を離れて，自殺を倫理的にどう評価すべきかを改めて考え直す必要がある。死ぬ権利，尊厳死，安楽死の容認，脳死にともなう臓器移植，さらにはその法制化の主張などを考えると，今や自殺は自死などと悠長なことは言っていられない。2009年に改正された臓器移植法によれば，本人の明確な拒否の意思表示がない場合，家族の同意だけで脳死者からの臓器摘出が可能となっており，まさに，他者を巻き込んだ，自「殺」の様相が濃くなっているからである。[30]

3 死刑と戦争

◆戦争による殺人数

人が人によって殺される，それを数的な規模の点からみると，個人間の，あるいは小規模な私的集団による殺人と比べて，戦争による殺戮が圧倒的に多いと思われるであろう。だが，一般的な「殺人」が全世界でどのくらい起こって

---

30) 小松他2010年参照。

いるのだろうか。統計の取り方などの問題もあり，正確な数字は把握できないが，ICPO（国際刑事警察機構）の統計をもとに大雑把な計算をしてみると，統計上は145カ国で年間1483人，単純平均すると，人口10万人当たりの年間殺人件数は10件強になる。ホンジュラスの154件（98年）がとび抜けているが，意外なことにアメリカの5.6件（01年）に比べて，イギリス18.5件（01年），スイス18.4件（02年）などヨーロッパ諸国の方が，ロシアの22.4件についで多いことが分かる。ちなみに日本は1.1件（02年）で，多くの国は1〜3件のようである。世界の人口を60億として計算すると，年間60万人，単純に100倍すると100年で6000万人という数字が出る。

　ここで用いた数字には中国など統計資料のない国は入っていないので，この数字が実態を反映したものかどうか分からないし，1世紀分について単年の数字から推測するのは乱暴であるが，相当の数にのぼることは確かである。20世紀中に（1987年まで）国際戦争や内戦で死んだ人の数は約3850万人と言われているので，それよりも多いことになる。ただし，20世紀中に各国政府が自国民を殺害した数は，1億5000万を超えるとされているので，私的な殺人に比べて政府が関わる殺人の方が桁違いに多いことが分かる。政府が関わる「殺人」としては，これに死刑執行の数を加えることができる。アムネスティ・インターナショナルのホームページによると，2006年に世界で執行された死刑の数は，25カ国で1591人にのぼる。同組織の推計によると，このうち少なくとも1010人は中国で執行されたとされている。

　このような数字を前にすると，「殺してはいけない」という命令ないし規範は一体誰に対して向けられているのかという疑問がわいてくる。死刑や戦争は，いわゆる私刑や私戦（テロ）を除けば，国家が主体となって行っているが，これに対しては「殺してはならない」という規範は有効ではないのだろうか。この疑問に答えようとすると，「国家」というものの存在意義に遡って考えてみなければならない。その際，実証科学的に現実的力関係として「国家」を捉えると，犯罪としての絞殺も国家（機関としての死刑執行者）が行う絞首も区別

31）　http://ms-t.jp/Statistics/Data/Crimerate.html による。
32）　Rummel, 2008.

できないことになる。そうなると，強盗が他人から金銭をまきあげる行為も国家の徴税行為も本質的な違いはなく，国家という集団も強盗集団の大きくなったものにほかならず，外部からかすめ取ってきたものを集団内部では適当に分け合っているにすぎないことになる（もちろん集団内部でも力の強い者は弱い者の分け前を奪うことがある）。

◆事実と規範の区別

そうした，いわば現実主義一元論に対して，規範というものを別の領域のものとして事実と区別する考え方がある。それによれば，「国家」というのは，個々人がもつ心情的統合（共同体意識）とか，互いに対立する個々人の意思を超えた（その意味で超越的な）「客観的精神」といった神秘的実体ではない。つまり，端的に言えば，「国家」は「存在するもの」（自然的体系）ではなく（特殊で固有の法則をもった）「規範秩序」だという，事実と規範，存在と当為の二元論である。そう考えない限り，処罰されるべき「殺人」と正当な「死刑執行」は区別できないのである。[33]

ケルゼンによれば，そう考えなければならない理由は，現実の世の中には悪と呼ばれるものがあるにもかかわらず，世界が善なる神によって創造されたとする限り，その悪や罪を神に帰すことができず，人間の「自由意志」にその原因を求めざるをえない神学と同様，法学も，死刑執行人による銃殺などについては，物理的意味における行為者の責任を問うのではなく，その背後に想定された存在としての国家の行為として承認することができなければならないからである。したがって，「自由意志」というのも，因果関係の科学としての心理学のなかでは何の位置も占めず，規範的―体系的に構成されたものにほかならない。つまり，「生物学的―心理学的単位としての人間は法学の対象ではない。法が取り扱うのは本来的に『人間』ではなくただ行為・不行為だけである。……法の下の存在は人間ではなく人格であり，権利主体である。それは，個々の霊魂が神の似姿として創造されたように，ある部分的法秩序の擬人化として，国家の『似姿』として生み出されたものなのである。」[34]

---

33) ケルゼン2001年；77頁以下，95頁。
34) 同上279頁。

しかし，このような考え方では，法秩序としての国家の「行為」について正当性を論じる余地がなくなってしまう。なぜなら，これは法規範として妥当するものとそうでないものとを，正当性に関わる道徳的基準を使わずに判定できるとする立場（法実証主義）だからである。したがって，戦争の開始や死刑を決定できる法的権限をもった国家機関が決定したことについては，それが誤りであることを法的に判定する権限をもつ機関がないことになる。実際，冤罪事件の場合でも，最高裁の判断を法的な誤りとして裁く機関が存在しない限り，誤った判断で訴追した検察官や判決を下した裁判官を断罪することができない。これは，一般に法体系内部における個別的法規範の正当性に関する「悪法問題」であるが，現在の法秩序全体を受容することができるかどうかという問題でもある[35]。

◆死刑を考える

この点を死刑について考えてみよう。日本の刑法は確かに12の犯罪に対して死刑という刑罰を規定している。その他にも，「組織的殺人」など6つの特別法に死刑の定めがある。その一方で，憲法には「残虐な刑罰の禁止」条項（36条）があり，死刑が「残虐な刑罰」に当たるとすると，死刑を定めている法律自体が違憲無効だという見方もありうる。ただし，最終的違憲審査権を有する最高裁は，すでに見たように（第2章第4節），死刑制度を合憲としている（1948年）。それによれば，「全地球よりも重い」1人の生命も，憲法31条を根拠に「公共の福祉という基本原則に反する場合」には，「立法上制限乃至剥奪されることが当然」とされる。確かに，最高法規とされる憲法自身，その文言上，生きる権利を含む人権一般について「公共の福祉に反しない限り」といった限定をつけており，死刑を容認しているとも解釈できるのである。

そこで，この「公共の福祉という基本原則」とは何を意味するのかが問題となる。死刑を容認する根拠として語られる「公共の福祉」は，結局，「人を殺してはならない」という禁止規範を解除する役割を果たしていることになるからである。各種世論調査によると，日本では死刑制度存置派の方がまだまだ多

---

[35] 井上達夫1981年，長尾龍一1991年等参照。

数派を占めているようだが，死刑の意味をどれほど考え，理解した上での意見であるかどうかは疑わしい。死刑と戦争は，ともに人を殺すことを容認するという点で共通するが，社会防衛という基本的な発想の点でも共通するところがある。

　死刑に対する賛否両論については，それぞれその理由は出尽くしている感がある。そのため，議論はたいてい水掛け論に終わることが多い。肯定論の根拠とされるのは，応報の理念ないし復讐感情，威嚇（犯罪防止）理論，（社会的）正当防衛論である。否定論は，これらを否定するとともに，冤罪の不可避性，犯罪者の更正可能性などを論拠としている。こうした議論については容易に確かめることができるので，ここでは少し違う観点から考えてみたい。上で述べたように，死刑という刑罰は，戦争同様，「人を殺してはならない」という規範の例外と考えることができる。したがって，「なぜ人を殺してはならないのか」という問題に対するいくつかの回答を検討することから，死刑の意味を考えてみよう。

　殺人が禁止される理由としては，古来，さまざまな主張がある。犠牲者に苦痛を与える，遺族に損害と悲嘆を与える，道徳的悪の典型例であって理由などいらない，自己意識と時間意識をもつ「人格」の未来への希望を失わせる，といった理由が考えられる。[36] これらはそれぞれもっともな点もあるが，殺人禁止の理由としては不十分である。なぜなら，被害者に苦痛を与えない殺し方ならよいのか，遺族の問題は殺人の副次的効果にすぎない（本当の被害者はもはや存在しない），理由がいらないとしたら正当防衛や安楽死なども認められないことになる，未来は可能性にすぎず所有することはできないし，必ずしも各人が未来において幸福になるとは限らない，等々の反論をなしうるからである。そこで，個々人の権利に基礎をおく考え方では「殺人の禁止」を正当化するには不十分であり，社会的概念としてのコンヴェンションによってのみ可能となるとする考え方が登場する。この概念はヒュームに由来するもので，具体的な個々人の約束（promise）とは異なり，「利益の共通感覚」を意味している。つ

---

36) 以下の記述は，桜井2002年によっている。

まり，「財産の安定と，相互利益のための財産の交換という共通利益を達成するために，私的財産制度が創造されたように，生命権もまた，『平和な相互的協力状況』を形成するという目的のために確立されたのである」。したがって，「未来の所有権」は生命権を生み出すコンヴェンションの「結果」であって，その「根拠」ではない。言い換えると，コンヴェンションが成立していない「無規範状態」では，殺人が直ちに道徳的不正とは評価されない。

　この議論では「死刑」が直接問題にされているわけではないが，死刑については，これを肯定するコンヴェンションがあると言えるのだろうか。日本ではあると言えそうだが，世界的には，死刑廃止条約も成立しているし，実際に廃止した国も多いのであるから，国際的にはむしろ死刑廃止のコンヴェンションが成立しているのではないか。とすれば，どちらのコンヴェンションが優先するのだろうか。自然権のようなものを安易に想定しない現実感覚は共有できるのだが，「利益の共通感覚」が成立しているかどうか，どのくらいの範囲，領域で成立しているとみなしたらよいのか，また誰がどのようにその判定をしうるのか，その点が不明確である。したがって，殺人禁止理由として挙げられている一般的な理由に対して具体的な場面を持ち出して不十分だとする批判が当たってしまうように思われる。

　これと似た議論として，「なぜ人を殺してはいけないのか」ではなく，「人はなぜ人を殺してはいけないと決めるようになったのか」と問うべきだという主張がある[37]。なぜなら，上の問いは「いけない」ことそのものに対する疑問でもあるのだから，「いけない」と感じる道徳的な理性や感情は一旦括弧に入れなければならず，この問いに真摯に向き合うためには，歴史的な事実との相対的な関係において倫理の根拠と系譜を考えることが必要だというのである。そこでは，正当な殺人と許されない殺人とが初めからあったのではなく，「共同体の成員にとっての共通利害」によってそうした区別をするという着想が得られたのだとされる。このような共通了解が確立すると，それはあたかも人間の心のうちにあらかじめ存在したプリンシプルであるかのように機能する。この

---

37)　以下の記述は，小浜2000年による。

ように考えると，どんな極端な事象に対しても社会が正義の名において対応できるよう，あらかじめ「正義」の幅をできるだけ広く確保しておくために，死刑は法体系のなかに存置しておくことが必要だということになる。つまり，「命以外のどんな償いをもってしても償えないひどいこと」があるという概念を人間はどこかにとっておくべきであり，死刑を廃止した社会よりもこれを保持している社会の方が，社会的な公正感覚を維持したバランスのよい社会だとするのである。

　ここでは，実際に死刑が執行されるかどうかとは別の問題として，死刑存置の意義が論じられている。無規定の自由はかえって人間を行動不能にしてしまうがゆえに，「万死に値する行為」の概念を捨てない方がいい，という主張である。しかし，先のコンヴェンションもそうだが，「利益の共通感覚」「共通利害」というのは，いかにも功利主義的な見方に見える。冤罪の可能性は手続きの厳正さの問題であって，死刑廃止の原理的根拠とはなりえないとされるが，事実認定の難しさは，行為概念の問題（前節）や自由意志の問題（次節）を考えると，手続問題というよりはるかに原理的な問題である。共通感覚や共通利害の概念は，それが「公共の福祉」と重なるとき，たとえ冤罪による死刑であっても「公共の福祉」のためには容認されるという論理になってしまうであろう。

　むしろ，事実との関係で倫理の根拠と系譜を考えるのであれば，死刑が廃止された諸国で殺人が増加することはなくむしろ減少傾向にあること，死刑存置国では自らに死刑が科せられることを望んで殺人を犯す事件が起こっていることなどを考慮に入れるべきであろう。要するに，「応報理念によって死刑の必要性を根拠づけることはできない」ということ，「（死刑を廃止した諸国では謀殺犯は減少しているのであり）国家自身がいかなる場合でも人の生命を尊重しているところでは，それは明らかに，最高の敬意を享受してもいる」[38]という事実をこそ考慮すべきである。

◆**死刑と無期懲役を分ける基準**

　死刑の問題を考える上で考慮しなければならないことの1つに，死刑と無期

---

38)　カウフマン1993年：250頁。

懲役を分ける基準の問題がある。わが国の最高裁判所は，永山事件の際に9項目の基準をあげている（Column 1 参照）。だが，実際の判決事例を見ると，77歳の老人が自分の家族4人を「撲殺」した事件や，強盗に入った家の2人を「メッタ刺し」にした21歳の学生の場合には無期懲役が確定しているのに対して，被害者1人の強盗殺人（通称「闇サイト殺人」）事件では，マスコミにも大きく取り上げられて30万人の「死刑嘆願書」が寄せられたこともあってか，3人の被告人に死刑が求刑され，そのうち2人に死刑判決が下されている。「死刑基準」はきわめて曖昧な形で利用されているのである[39]。そこから，理由のいかんにかかわらず「1人でも殺せば死刑！」とか，「死刑判決が確定したならば機械的に執行すべきだ」といった見解も出てくる。

　そこで次節では，人間の行為に対して刑罰を科すことで責任を取らせようとすることの意味を考えてみよう。その場合，犯罪と刑罰の関係について，それらの概念的本質とそれらを認定する手続きとが簡単には切り離せない問題を含んでいることが重要な論点になるはずである。

4　自由意志と行為の責任　　目的動機と理由動機

◆「人を殺す」行為の評価をめぐる対立

　「人を殺す」というのは一体どういう行為なのだろうか。この問いは，「犯罪とは何か」という問いとして言い換えることもできる。あるいはまた，「公共の福祉（共通利益）」というものが，人々の心のうちにある感覚（例えば恐怖をまぬがれたいという心理的欲求）を基礎としているのか，それとも，それとは別に客観的に存在すると想定されるもの（個々人の思惑を超えた共同体の存立という利益）なのか，という問題として捉えることもできる。というのも，「人を殺す」ことが犯罪として何らかの処罰を受けるべき行為とされる理由が個々人の内面的意図に求められるか，それとは無関係な社会的利益の擁護にあるとされるか，

---

39)　具体的な事例については，岡崎2011年；116頁以下参照。本書は，東大阪集団暴行殺人事件（通称「生き埋め殺人事件」）の主犯とされた21歳の若者とのやりとりを中心として，その経緯を詳しく追ったものであり，主犯と共犯との区別の曖昧さも指摘している。

これは刑法論における「責任論」(責任なければ刑罰なし)と「社会防衛論」(社会政策としての刑罰論)との対立に結びついているからである。前者の立場では,自由意志によって行われた行為かどうかが重要な論点となるとともに,責任に応じた刑罰という観点から犯罪と刑罰のバランスが求められるが,後者の場合,行為者の意図は重要な意味をもたず,もっぱら結果だけが重視され,バランスよりも結果予防に重点をおいた過酷な刑罰が求められる。

このような対立が生じる原因は,外から観察することができない行為者自身の内面的意図と観察可能な他者の身体的振舞いという両面から行為が理解されるからだと考えられる。道徳は内面の動機を重視し,法は外的行動の合法性のみを問題にするという,道徳と法との区別論(カント)も,このような二面性に基づいている。しかも,法廷における犯罪行為の処置を考える場合は,もう1つ困難な問題がある。というのも,現行犯の場合も含めて,内面的意図も身体的振舞いのいずれについても,後からさまざまな状況証拠や証言によって再構成されるものにほかならないからである。行為についての法的な評価は,いずれにしても,直接的な観察に基づくものではない。法的規範認識と事実認識が区別され,裁判における事実認定が法的に構成されるものであるのは,そのためである。

とすると,他者の行為を法的に評価するということはどういう事態なのか,単なる振舞い(出来事)としてではなく「行為」として理解し,しかもその理解のための図式としての「共通利害」が構成されるということがいかにして可能になるのかを考えてみる必要があろう。「行為」というものが一見自明なようで困難な問題をはらんでいることはすでに見た(本章第1節)が,そこでの焦点は主に行為者とその意図の関係に当てられていた。ここでは,われわれが「他者」の行為をどのように理解するかを考えたい。殺人のような犯罪行為を考える時には,この「他者」の観点が,次のような意味で,特に重要になるからである。

◆共通了解ができない他者

愛する者を殺された被害者遺族のなかには,加害者とは「同じ空気を吸いた

くない」という理由をあげて死刑を望む人がいる[40]。これは，文字通り，加害者について，もはや利害関心を共有する仲間とは見なせないということ，言い換えれば，共に生きる人間と見なせないだけでなく，理解不可能な絶対的他者としてしか扱えないことを表明しているのである。これがもし，殺人という行為のうちで経過する他者（犯人）の経験が全く理解不可能であることを意味するとすれば，共通の利益や共通了解が犯罪行為以前の彼（彼女）との間でも成立していたのかどうかも疑問になる。共通了解が成り立つ仲間というのはあらかじめ限定されているのであろうか。しかしまた逆に，死刑という殺人行為を肯定する自分自身の体験と意識は，なぜ共通了解されうるのだろうか。

　共通了解の地平を共有できる者たちとできない者たちの間の境界線が，身近な者を殺害された遺族と殺人者の間に引かれるとすると，まさに敵の抹殺を願う戦争における意識と等しいものとなるのではないか。いかなる寛容も入れる余地のないほどに自分と他人を区別することは，あまりに自己中心的とは言えないだろうか。少なくとも法的共同体の内部で（つまりは法廷で）このような態度を肯定することはできないように思われる。例えば，シェーラーによれば，「たしかに死刑は，……（道徳的に）殺人である。……罰せられる者を抹殺する刑罰は刑罰ではない。罰せられる者の生命が人格としての彼にとって善であり，人格の実在はこの善を取り去ることによっては破壊されないという前提のもとにおいてのみ，それは刑罰でありうる[41]。」

　ここに出てくる「人格」の概念は，すでに触れたように，殺人禁止の理由をめぐる近年の議論のなかにも登場しているが，実践的行為のあり方を考える上でもキイとなる概念の1つである。上に引用したシェーラーの「人格」概念は，生命価値とは別のものであり，その点で，歴史的事実として捉えられるコンヴェンションや公共の福祉の担い手としての共同体には還元できないものである。したがって，死刑を刑罰として正当化しようとする場合には，人格という叡智的人間（カントの本体人）の共同体を考えなくてはならないであろう。その場合，

---

40)　例えば，森2008年；294頁参照。
41)　シェーラー 1976年；244頁。これとほぼ同様の主張として，一ノ瀬（2011年；59頁以下）参照。

実践的行為に関する「存在の観点と当為の観点との係争をめぐる判決」[42]が問題となる。すなわち，現実の共同体の規範的要求に従う義務を認めつつ，同時にそれを理性的に吟味する自由をも承認することが求められる。そこでは，「行為」のうちにある緊張関係があらわになる。行為は，一方で具体的に何かを実現する（しない）という意味をもつと同時に，他方では将来の行為の出発点として現在の規範的要求を超え出ていく自由をも意味している。

通常われわれは，自分も他人も，その思考や感情の内容は違っても，基本的に同じ意識構造をもち同じ行為の仕方をしていると考える。近代の社会契約論も先にあげたコンヴェンション論も，そうした基本的に同じ経験構造をもつ人間の共通性が前提となっているはずである。自己意識をもち，自分の欲求や利害についての明確な意識に基づいて思考し，行動するものという人間像である。したがって，共同体とそこにおける共通規範を承認する契機は，自己利益とか自分自身が死ぬことへの恐怖など，その内容は異なっても，その基本的構造は同一と想定されている。だが，このような想定はどこまで現実に即したものであろうか。他者も自分と同じような意識構造をもち，綺麗なものを綺麗と感じる感情をもつと言えるのは，他者が自分の身体と似た身体をもつ者として現われてくるからであろうか。

しかしまた，他方では，例えば男女間での思考パターンの違い，同じものに対する感じ方の違いなど，自他間の相違についても日常的に気づかれていることではないか。とすれば，許容できる違いと許容できない違いの境界線はどこにあるのだろうか。犯罪行為に対する拒否反応が生まれるのは，痛みや自尊，自分という存在の毀損に対する共通感覚であるとすると，そうした感覚をもたない他者は感覚的に排除されるのだろうか。しかし，そうした共通感覚は文化的違いから個人的な違いまで，実に多様なものを含んでいるはずである。

◆意志的行為かどうかの区別

意志的行為とそうでないものを区別する基準として，「観察に基づかない知識」によって自分のしている行為を知る場合があげられることがある[43]。「観察

---

42) カウルバッハ1988年；50頁以下。
43) アンスコム1984年；60頁。

に基づかない知識」の典型としては自分自身の身体感覚（自分の四肢の位置や運動）があげられているが，実は観察によらなければ自分の身体感覚さえ得られない人たちがいる。そういう人のある証言によれば「わたしは自分の手足だの頭だの胴体だのがどこにあるのか，うまく感じとることができなかった。それを鏡は，組み立て直すように縁取って，具体的に見せてくれた。実際に目の前に見えるのだから，この時ばかりは『世の中』に対する私の不信［自分が自分で他人が他人で世の中で誰かと一緒だという感覚のなさ——引用者補遺］もやわらいでいく。」[44]

　これは自閉症の一症状についての記述であるが，別の症状として，目の前にあるものを指差したり取り上げたりするのに自分の手ではなく他人の手を使うクレーン現象と呼ばれる事例がある。「クレーンする子どもの場合には，感性的体験への気づきはあるだろうが（そうでなければ行為の連続性と反復が生まれ得ない），運動が自分の能動的・意志的運動として意識されていないように見える。……つまりクレーン現象において欲求と対象をつないでいるのは，私の人格でも体でもないということである。……それゆえ，非人称的な欲求が行為主体をもたずに魔術的に実現されると言える。」[45]

　「非人称的欲求が行為主体をもたずに魔術的に実現される」とは，先にあげたムルソーの感覚や陸田の「証言」と一致しないだろうか。こういう人間にとっては，通常の人間や裁判官が知りたいと思うような「お前はなぜ，何のために，そんなことをしたのか」という問いに答えることが難しい。自閉症は病気であって異常なのだと言われるかも知れないが，正常と異常の違いは，例えば同性愛や自殺などさまざまな問題についてそれぞれ違った観点から問われうることであり，一概に区別することはできない。実際，今なお時に「狂気」の烙印を押されることのある「統合失調症」と診断された人々が起こしている「マッド・プライド」運動がある。[46] この運動は，要するに，健康な人と病人，正常

---

44)　ウィリアムズ2005年：25頁。
45)　村上2008年：157頁。
46)　『ニューズウィーク』日本版2009.6.10。北海道浦河町にも同様の実践活動を行っている「べてるの家」がある（斉藤2010年参照）。

と異常といった区別を相対化して，単に「多様な人間」がいるに過ぎないことを認めさせようとするものである。ここに，容易に理解できない「他者」と基本的に自分と同質の「他人」との違いがあるように思われる。しかも，ここでいう「他者」は，病人や異文化ばかりでなく，例えば現代のドイツ人や日本人から見たナチス時代のドイツ人，軍国主義時代の日本人など，一般に同質とみなされる「われわれ」のなかにも存在しうるのである。

　しかも，近年の脳科学の発展は，有罪とされた被告人が自由意志によって犯罪を遂行したのではなく，脳の特質や過去の体験から不可避的に犯行にいたったかどうかを検討することが，それほど遠くない将来，法曹界の大問題と化すであろうという見方もある[47]。実際，脳科学者のリベットによれば，われわれの行動を引き起こす脳内活動は，その行動を意識する少し前にすでに起こってしまっていることが実験的に確かめられた[48]。この実験が正しいとすると，犯罪行為をあらかじめ意識的に避け得たにもかかわらず，それを行ったことに法的責任の成立根拠を求める見解は，少なくとも現実的ではないことになる。しかし，すでに紹介したように，法はそうした現実の人間を問題とするのではなく，あくまで法的に構成された行為，不行為のみを問題とするというケルゼン的立場に立つならば，必ずしもそうはならない。ただし，その場合には，故意と過失の法的区別についても，その根拠が改めて示されなければならなくなる。

---

47) ガザニガ2006年；57頁。
48) リベット2005年。ただし，これについての批判的考察として，山口2008年；329頁以下参照。

★ *Column 3* 　NHKスペシャル『終戦特集ドラマ・気骨の判決』（2009年8月16日）

　これは，戦時中の昭和17年に組織的選挙妨害を理由に起こされた衆議院選挙無効を求める裁判において，東条首相や現地の県知事，一般市民はもとより上司にあたる大審院長や法務大臣他までが反対するなか，1人の大審院判事だけが選挙無効の判決を出したという史実に基づいたドラマである。放送によれば，空襲で焼けた大審院の建物から運び出された書類のなかから戦後だいぶたった昭和60年になって偶然にその判決文が発見されたという。

　この事実から，いろいろなことを考えさせられる。戦後も定数不均衡を理由として数多くの選挙無効訴訟が起こされているが，最高裁が選挙自体を無効としたことは一度もなく，戦後強化されたはずの権力分立が機能していないのではないか。明治時代に起こった大津事件同様，国家の存亡がかかっているとき，国家（ないし政治）と法とはどちらが優先するのか。そうした法の根本に関わる問題（「法の究極にあるもの」とは何か）がまず頭に浮かんでくる。

　だが，本書との関連で考えてもらいたいことは，このドラマに登場する人物の次のようなセリフである。ドラマの冒頭近く，裁判官たちが話し合っている場面で，主人公の吉田裁判官が問いかけている。選挙妨害に対しては妨害者ごとに個別に対処して違法があれば個別的に判断すればよいという他の裁判官に対して，「今回の訴訟では行政を含む組織ぐるみの選挙妨害があったという訴えがなされており，もしも警察が妨害に絡んでいたとすれば，誰がその警察を逮捕するのか」と。それともう1つは，ドラマの終盤近く，吉田裁判官に対して法務大臣が吐いた言葉である。「法律とはおとなしい馬だが，これに厳しい鞭を入れると暴れ馬になってしまう」という譬（たと）えである。

　最初の問題とは，法を執行する者が少なくとも民主主義の精神に基づけば明らかに不正とみなされる法律や命令に従う場合，その罪は誰が裁くのか，という問題である。吉田裁判官も組織的妨害があったとして選挙を無効とはしたが，妨害行為をした者を個別には断罪してはいない。立法者や行政官が憲法や法律に違反しても，それが組織的に行われた場合には，政治的あるいは道徳的非難は行えても法的処罰はできないのであろうか。実際，戦後の日本では，戦争中の組織的な違法行為についての裁判はついに行われることはなかった。

　第2の問題は，すでに行われている政策に対して律儀に法的正当性を問うと大きな混乱を引き起こしてしまうという考え方を示しているように思われる。現在においてもダム建設や原発政策が進められてしまった以上，法的不当性を理由にこれを止めることができないという，そうした「空気」にも通じているのではないだろうか。

第4章 「いけない」とはどういうことか

　普通，法は直接的にある行動を禁止することはない。殺人にしても，刑法は「殺してはならない」とは言わずに，ただ「……の刑に処す」とするだけである。この点から見ると，法律は人間の行動を規制する「行為規範」ではなく，裁判において判決を下すために裁判官に向けられた「裁判規範」である。訴訟をはじめとする法的手続きを定める手続法においては特にそうである。だが，ある行為に刑罰や損害賠償が科せられたりするのは，その行為を法律が否定的に評価しているからでもある。ただ，その否定的評価には(1)道徳的評価が含まれる，(2)法制定者の恣意的権力ないし選好によるもの，あるいは(3)そのいずれでもない法に特殊なもの，と捉えるなど，古くからの対立がある。

　第1のものが一般に「自然法論」と呼ばれ，道徳的に正しくない法は法ではなく，法的拘束力をもたないとする。第2のものは，いわゆる「法命令説」と呼ばれる立場であり，別名「法実力説」である。この2つに立場のなかにもさまざまな変種があるが，第3の立場にはさらに多くの見方がある。特に道徳からの法の自律性を強調するのが「法実証主義」であり，歴史的，地理的に変化する慣習にほかならないとする「歴史法学」，人々の（暗黙裡の）承認に基づくとする「承認説」や「社会契約説」などもこの立場に含まれる。

　ここでは，おおむねこの3つの立場を軸に，本章標題の問いを考えていこう。

1　自然法論

◆ノモスとピュシス

　すでに述べたように，自然法論にも多様な立場がある。その理由は「自然」をどう捉えるかの違いに起因すると言ってよい。最も古くは，古代ギリシアのノモスとピュシスという対比に基づくものである。人為的規約に基づき，それ

ゆえ時代的にも地域的にも異なりうる規則としてのノモスに対して、そうした差異のありえない普遍的な規範としてのピュシス、それぞれ独立して用いられていたこの２つが対概念として用いられたのはヒッポクラテス派の『空気,水,場所について』という著作が最初だとされている[1]。そこでは、医学者らしく、異常に長い頭をもつ種族のことが述べられている。それによると、彼らは最も長い頭をしている者が最も高貴な者だと考え、包帯を巻いたりして赤ん坊の頭が長くなるように人工的な処置を施す習慣（ノモス）があったが、その後「生まれつき」（ピュシス）そのような頭の形になったので、人工的な処置は不要になった。ここでは、ピュシスとノモスは独立したものとして扱われ、頭の形について双方が相補的に影響を与えているとされている。

　これがその後、ギリシア哲学（倫理学）の領域で「いかに生きるべきか」という問題に対して、ノモスに従って生きるべきだという考え方とピュシスに従って生きるべきだという考え方の対立が生じてくる。それに応じて、この２つのことばが意味するものも多様化するが、ノモスとは、慣習・習俗・道徳、抽象的な法および具体的な国法（複数形のノモイ）、そしてそれらを根底で支えるものとしての世間一般の通念、といった意味をもつようになる。そして、このノモスについては、「神的なノモス」（カリクレス）とか「万物の王としてのノモス」（ピンダロス）といった絶対的な存在としても語られている。ところが、その後、法律が朝令暮改的に変更される事態が生じ、それに応じて慣習としてのノモスや一般的通念としてのノモスも相対化されるようになる。

　こうしてノモスの秩序が人為的に作り出されたものであることが自覚されるようになると、それまでほとんど自明視されていたものに深刻な動揺が起き、それに代わる「正しい生き方」の基準が求められることになる。そこで、医学的な意味で「正常なあり方」を意味したピュシス（これの元来の意味については議論がある）から拡張されて、外的な力が加わらずに生じたもの、ものの本質といった意味でのピュシスが重要な意味をもつようになってくる。

　この意味で、ノモス派は伝統的な慣習を重視する保守派であり、ピュシス派

---

1) 以下の記述は、三島輝夫2000年；4頁以下によっている。

は新しい生き方を模索する革新派だとみることもできる。しかし,生き方についての新しい「正常なあり方」となると,説く者によってピュシスの概念自体に大きな差が生まれる。有名なカリクレスの「ピュシスの正義」とは,動物の世界をも含めた自然界の法則,すなわち「強いものが弱いものを支配し,より多くを所有すること」であり,いわゆる「弱肉強食」の「強者の正義」を意味している。これに対してアンティフォンというソフィストは,快楽を求め苦痛を避けるのが自然の性であるから,それに従って建前としてのノモスと本音としてのピュシスを使い分けることが自然だと言う。一般的には,人が見ている場合にはノモスに従い,1人きりの場合にはピュシスに従う「二重の尺度」が推奨されるのである。彼の考え方がカリクレスと異なるのは,快楽を求め苦痛を避ける本性は強者,弱者に共通であり,身体生理的共通性にも着目して,弱者の権利も擁護している点にある。

　さらには,ピュシスによってノモスを擁護する議論もある[2]。それによると,1人では生きられないのが人間のピュシスであるから,共同体の法と正義が不可欠とされる。しかも,個々人の生まれながらの性格や性質もピュシスに基づくものだが,それは千差万別で無秩序なものだとみなされる。金銭欲にかられるなど性悪な人間の存在という現実的な観察に基づいて,個々人の利己的性格に反映されるピュシスは悪く,卑しいものであり,ノモスは立派なこと,正しいこととして,両者の価値が逆転する。

　ソクラテス=プラトンも,各人の生存を保証するものとして共同体のノモスを弁護している(『ソクラテスの弁明』)。しかしながら,ソクラテスの場合,この世での生存が最大の善で死が最大の悪であるかどうかは「無知」を自覚した者にとっては分からないとされている。したがって,出生に始まり死によって終わるこの世での損得だけを重視する生き方は否定され,この世での損得を無視しても「善き生き方」を追求することが奨励される。そこでは,いわば「生死を超えた」善の追求が求められ,魂の不死が説かれ(『パイドン』),死後の世界での裁きも問題とされる(『ゴルギアス』)。そこから現実世界を超えたイデア

---

[2] 三島同上;22頁以下参照。

の世界という構想が生まれることも理解しやすいであろう。ただし，プラトン『国家』（最終巻）では，死後の裁きよりもこの世における「生の選択」に力点がおかれている。

その理由を三島による解釈に基づいて簡単に要約すると次のようになる。人は生まれる時にもその後の人生においても，偶然的にハンディを背負って生まれたり，運・不運に出会ったりする。そうしてたまたま権力や才能，富を得ることになったとしても，善悪を顧みずにただそれに飛びつくのは自分の選択であり，自然や神のせいばかりとは言えない。[3] その選択が誤りうるのは恵まれた環境でその慣習（エートス）に従っていただけであるから，哲学することによってそれを自らのエートスとして主体化する，つまりはこの世における生のうちで主体的に正しく生きることによって，その誤りを避ける選択をしなければならないというのである。

◆アリストテレスの正義

これに対して，アリストテレスは，人間の社会性を重視し，ポリスに生きることが人間の本性だとする。したがって，プラトンが強調した個々人の主体性（魂の善）に対して，現実の共同体と法がそれに優越する。言うなれば，プラトン（ソクラテス）が主張する個々人の生き方における善は，ポリスという現実の共同体のなかでは勇敢さや節制などさまざまであり，それらを全体として見たとき，一般的「正義」として捉えられる。つまり，正義とは「ひとびとをして正しいものごとを行うたちのひとたらしめるような状態（ヘクシス）」のことである。[4] そこではまた，「無条件的な善が自分にとっての善でもあるようなものを選ぶのでなくてはならない」とされている。「自分自身にとって善であると見えるもの」と「それ自体で善なるもの」とが一致しなければならないということである。プラトン＝ソクラテスにおいて生死を超えて普遍的に善とされたものがポリスにおける役割に応じた善（＝徳）として読み替えられていると言うことができよう。「正義のうちに徳はそっくり全部ある」のだが，すべての徳をそなえた「完全な徳」としての正義は，無条件的に同じものではなく，

---

3) 三島同上：149頁以下。
4) アリストテレス1971年（上）169頁。

対他的な関係におけるものである[5]。無条件的な意味で「自己のもの」に対しては不正義なるものは存在しない。したがって，正義はノモス的（ノミモン）正義（ポリティコン・ディカイオン）なのである。しかし，このポリスにおける（政治的・社会的）正義にも，ノモス的（ノミコス）正義とは異なるピュシス的（ピュシコン）正義があるとされる[6]。

　アリストテレスの正義論として今日まで高く評価されているのは，ノモス的（個別的）正義に関する分析，すなわち数的比例に基づく配分的正義と正しさを回復するための矯正的正義の区別である。そうした個別的正義については，後に述べることにして，ここでは，それらの基盤にあるとされる一般的正義，ピュシス的正義とはどのようなものとして捉えられているかを見ておきたい。アリストテレスがあげている具体的な例は，「火はどこでもものを燃やす」とか「人間が右利きであること」などである。現在からみると後者は「正常なもの」と言えるかどうか疑問であるが，おおむね自然必然的なものと考えてよいであろう。これ以外にピュシス的正義の具体的な内容は示されていない。それゆえ，彼の議論から絶対的な意味で，つまり具体的な法や慣習の違いを超えて妥当する不正（いけないこと）とは何であるかを具体的に示すことはできない。

　ただし，次のように言うことはできそうである。アリストテレスは，物理的自然，人間的自然，神的自然を区別した上で，人間的自然を基礎に議論を展開している。彼の考える人間的自然とは何であるかというと，自由と平等である。ただし，これは近代における「生まれながらの自由，平等」ということではない。起源における自由，平等ではなく，人間の終局的発展形体における自由と平等である。彼にとってはポリス共同体に生きることこそ人間の目的であり理想であるから，共同体のうちに生き，共同体の規律に従うことが人間の自然だということになる。ただし，それはもちろん，動物にも見られるような単なる共同生活ということではなく，選択という自分自身の行為に基づく共同体である。共同関係における不正についての分析のなかで，知らずになされた行為（現在では過失に当たる）や怒りに基づく行為も不正な行為ではありうるが，

---

5) アリストテレス同上173頁。
6) アリストテレス同上194頁。

それを行った者自身は不正な人間でも悪しき人間でもない、とされている。その理由は、いずれも非人間的なものではなく、行為の結果について、あるいは怒りを招いた相手に対する「思い違い」という、人間にとって自然な情念に基づくものだからである。しかも、これらは配分的正義と矯正的正義に違反するがゆえに不正な行為であっても、その行為を行った者自身は不正な人ではない。これに対して、そうした「思い違い」ではなく「選択」に基づいてなされた行為は、その行為のみならず行為者も「不正な人間」であって、絶対に許されないとされる[7]。

選択に基づく行為とは、まず「自分が何人に対して、何をもって、何を目的としてなしているかを知って」行う「随意的行為」であり、かつ事実の有無や相手のやり方が不正とは限らないこともあらかじめ知った上であえて行う行為、言い換えれば、「思い違い」という言い訳が通らない仕方で行われる行為である。奴隷や女、子ども、あるいは大衆は自然的情念のままに生きているのであるから、ここでいう「選択」的行為はなしえないとされている[8]。「合理的根拠を有する一切の自然法論は、彼(アリストテレス)を前提としなければならない」[9]と言われるのも、ポリスという共同体の存在意義を知ることが自然的情念を制御する人間の本性だという視点に立つことによって理解できるであろう。

◆自然法論の魅力

自然法論は、この後も長い歴史をもち、大きな影響力をもった時代もあれば、ほとんど無視される時代もあったが、近代においては「自然権」思想としてよみがえり、戦後はまた「人権」論あるいは「正義」論として復活している。ここではその原点のみを取り上げた。慣習や人為的制定法に対して、自然法がいかなる意味をもつか。それは各時代の法思想によって異なるが、内容的に異なりうるノモイ(人為法)に対して一定の枠をはめる一般的原理としての意味は共通しているように思われる。『自然法の永劫回帰』(原著書名)によれば、「自

---

[7] アリストテレス同上200頁。
[8] アリストテレス1973年(下)183頁以下参照。
[9] フェアドロス1974年;13頁。

然法とは自然的道徳律の一部であって，合理的に演繹されうる詳しい規範内容をもった法典のごときものではない」。自然法のうちで内容的に自明なものは「正をなし不正を避けよ」「各人に彼のものを」という2つの原理だけだとされる。そして，「正・不正」や「彼のもの」を認識する原理は「人間の理性的社会的本性」であり，そこから具体的な帰結が導き出される。しかし，自然法の効力は普遍的であって変わるものではないが，具体的な現実に適用されるに応じてその内容は変化する。

　例えば，本書のテーマである殺人の禁止について言えば，この禁止規範はいついかなる場合でも妥当するわけではなく，死刑や戦争における殺害は許容される場合がある。それは，ここで禁止されているのは「罪なき者」の殺害であって，罪があるかないかは場合によるからだとされる。古代においては「見知らぬもの」，奴隷時代の奴隷，戦争状態における「敵」は「罪なき者」とされなかっただけである。このように，自然法論はある人によっては詭弁とさえみえるかも知れない。だが，ロンメンによれば，自然法は人為的に具体化されることが必要であるが，具体化される前の一般的な原理が否定されてしまえば，社会秩序自体が破壊されてしまう。

　このように，自然法は社会的秩序に一定の枠を与えるための一般的規範であり，特にそれに基づく禁止規範に反する実定法（例えば暗殺を許容する法）は法的拘束力をもたないが，それ以外の不正な法（例えば配分的正義に反する税法）は，それだけの理由で拘束力がないとすることはできない。たとえ不完全であっても，個々の不正な法に対する反抗よりも社会秩序の維持が優先されるからである。とすると，自然法からして「してはいけない」こと，最も厳しく禁止されるのは，社会秩序を毀損する行為ということになりそうである。したがって，「人を殺すこと」が直接自然法によって禁止されているかというと，どうもそうではないように思われる。ただし，殺人が例外的にではなしに一般的に許容

---

10)　ロンメン1956年；224頁。
11)　ロンメン同上227頁。
12)　ロンメン同上267頁。
13)　ロンメン同上266頁。

されてしまうと，社会秩序が維持できなくなる。すると，自然法論的な考え方では，原則と例外の区別が問題になってくる。そこからすると，この原則と例外の区別を正当に行うことができるか，また誰がその区別をすることが正当なのか，が問題となる。

◆カルネアデスの板

　ある人を救うためには別の人（びと）を犠牲にしなければならないような（カルネアデスの板として古くから問題とされてきた）状況についてどう考えたらよいか。これは，自然的道徳律としての自然法では解決できない問題であるが，そのような状況は決して極端に特別な事態ではないはずである。例えば，中絶や臓器移植の問題がその具体的な例である。アリストテレスの哲学とキリスト教道徳の融合から生まれたヨーロッパの伝統的自然法論では，このような場合には自然法的正義の秩序は退場し，愛の秩序が登場するとして，自然法の及ばない事態が想定されている。正義と愛の関係についての問題は，「正義の論理」に対して近年主張される「ケアの倫理」とも重なってくる。[14]

　個別的なもののもつ個性（かけがえのないもの）に対して成り立つ愛と，そうした個体性への執着を禁止する正義（普遍的正当性要求）とを対比する議論についてはすでに（第1章第3節で）触れておいた。だが，正義が要請する「普遍化可能性」は自己と他者の共通性を前提にしており，その共通性を成り立たせている共同性そのもの（それがナショナルな共同体にとどまるのか，それとも人類共同体や自然物を含む全存在に及ぶのかというのはまた別の問題であろう）に対しては，正義より愛やケアの態度が前提となるのではないだろうか。少なくともグローバルな正義の成立する可能性を説く者は，人類全体の共同性への愛を前提としているという意味で，自然法論に近づくことになるだろう。

14）　ギリガン1986年参照。

2 法実力説

◆力の正義

「……してはいけない」とする根拠として，自然法を1つの典型とする自然的道徳律を考える考え方に対して，誰もが認めるはずのそうした普遍的道徳律の存在を否定する考え方も，古くから存在する。良いとか悪いとかいって人々の行為を縛るのは，結局その時々に力をもった強者であり，それに従うのは臆病な弱者にほかならないとする実力説である。普通，すでに言及したカリクレスがその最も典型的な論者とされている。ところが，動物も含めた自然界全体の法則を根拠とする限り，それは強い者が支配することが正しいとする普遍的道徳律の存在を前提とした主張であるとも言える。

実は，カリクレスとその論敵であったソクラテスは，その主張の論理的な構造の点で共通したところがある。[15] ソクラテスは，カリクレスの言う「より強い者」「より力のある者」を「より優秀な者」と同一視することを認めさせることで「魂の完成」「精神の充実」をはかる者こそ「より多く」をもつことを説いているからである。そして，「幾何学的平等」すなわち「より大きなものにはより多くを，より少ないものにはより少なく」というアリストテレスの「配分的正義」に言及して，「より優秀な者は劣悪な者よりも，また有能な者は無能な者よりも，多く持つのが正しい」ことを認めている。実際，カリクレスのことばもよく見れば，「強者」について，彼自身も「より多く持つ能力のある者」という言い方をしている（『ゴルギアス』490a）。

これが一見奇妙に思えるのは，そこで用いられている「より強い」とか「より優秀」ということばの意味が物理的な力とそれによる支配と考える場合，道徳律とは相反すると考えられるからである。自然科学的な思考に慣れたわれわれは，物理的な力の普遍的な働きについては理解しやすい。だが，それが物理的なものではなく，精神的な力だとすると，その普遍的な働きがどのようなも

---

15) 笹澤1995年；248頁以下参照。

のであるか，見解が大きく分かれてしまう。すでに第 1 章で引用した進化心理学では，現在生きているわれわれはライバルを殺すことで生き残ってきたものの子孫であるから，われわれの無意識的な心理の裡には殺人衝動が今も残っているとされているが，これに対しては当然反発が予想される。人間にはそうした衝動を制御する能力，あるいは他者の苦痛に共感する能力も備わっているはずだ，と。

　人間の歴史は戦争の歴史だとも言われるように，客観的に見れば，カリクレス的な「力の正義」(Might is Light. 勝てば官軍) の方が正確な見方をしているように思われる。現在でもなお，人権を奉じる大国が「テロとの闘い」（正義の戦争）と称して多くの人間を殺している。専制的な指導者が国民を虐殺，幽閉したりしている国も少なくない。しかしながら，そうした行為に対しては反対論も強く，為政者自身もあからさまな力の行使として正当化するのではなく，国家防衛その他，何らかの正当化のための理念を掲げる。あるいはまた，戦争のような明らかに物理的な力の行使以外にも，競争を肯定し，その結果生まれる不平等を正当化する議論も，ある種の力（能力）の格差を認めていることになるが，同時に競争のルールについて無関心ではないし，結果の不平等についても無制限に肯定されているわけではない。

　そこで肯定される力およびその行使の仕方とはどのようなものだろうか。その力は明らかに物理的なものではない。物理的な力の場合，それに拘束されるのは必然であって，「しなければならない」のではなく，「せざるをえない」のである。死刑のようにたとえ物理的な力をともなう場合でも，それは応報とか刑罰の名によって正当化されなければならない。そうでなければ，それは単なる殺人と変わらないものになる。したがって，この問いは，人がもつ力（とその行使）を正当化する根拠への問いとなる。リーデルによれば，この問い（善の本質）に対する回答は，伝統的には 3 種類に分けられる。その 1 つが「人のなすべきこと」（ト・デオン）を基礎とする義務論（デオントロジー）であり，もう 1 つが何らかの目的ないし目標（テロス）を基準とする目的論（テレオロジー）である。そして 3 つ目は，われわれが行う価値評価の事実（アクシア）に基づ

く価値論（アクシオロジー）である[16]。

◆カントの義務論

　義務論からすると，「……してはいけない」と行為を規制する力は，外側から加えられるのではなく，行為者自身の行為指針であって，自分が自分を統制する力である。そうなると，制御する自分と制御される自分とが分裂することになり，この両者の関係が問題となる。両者は果たして同じ自分と言えるのか，あるいは理性が感情を抑制するのか，感性が理性を統御するのか。例えば，甘いものを食べたい感情的欲求を健康や美容に配慮する理性が抑制するのが前者の例であり，溺れている人を助けるために飛び込むと自分も急流に呑まれるという理性的判断に助けたいという感情が勝って飛び込む場合が後者の例である。2人の自分あるいは理性と感性，このような矛盾的対立を避けるために，そうした経験的二項対立を超えたところに義務を見出すのが，カントの義務論である。

　その趣旨を簡単に要約するならば，次のような論理となろう。自分が欲するもの（目的）は自分にとって他なるものであり，理性に従うとは限らない意欲（欲求能力 Willkür）によってその時々に選ばれる手段も，確実なものではないがゆえに，自分（実践理性）にとって他者である。また，その時々の欲求とそれを満たすための手段を想定する理論的理性による制約は，実践理性にとっては他律的なものである。したがって，行為主体としての実践理性は，こうした偶然的なものによる規定を排して，つまりは経験的な内容（個別的な目的や手段選択）から独立したものとなって初めてすべての理性的存在者としての自由（自律）を得る。このような自律的意志も経験的な欲求（つまりは具体的な目的や手段）を自覚しているがゆえに，個別的命令（……ならば……せよ）を超えた普遍的な命令（「君の意志の格率（原理）が普遍的立法として妥当するように行為せよ」[17]）は，行為主体にとっては無条件的な命令の強制として自覚される。つまり，上に述べた2人の自分，理性と感性がどういうものであるにせよ，両者の間に知的な関係性（自己活動についての知的な意識）が成立しているがゆえに，その関係を

---

16)　リーデル1983年；96頁以下。
17)　カント1959年；50頁。

具体的実例として証明できないとしても,「道徳律はいわば純粋理性の事実として与えられている[18]」ということである。したがって,自己活動の意識という現実性をもった「自由」が「道徳法則の存在根拠」であり,そこで実在性を獲得した「道徳法則」が「自由の認識根拠」なのである[19]。

要するに,人間の行為を自由な行為と見なしうるためには,時間的制約の下にある自然的必然性や,各人が思い描く内的表象の連鎖としての心理的自由からも独立した自由がなければ,いかなる道徳法則も責任もありえない,ということである[20]。このような純粋な自由というのは,法的思考にとってはそれほど奇異なものではない。なぜなら,法的思考が個別具体的には大きな違いのある行為を(例えば「殺人」とか「窃盗」といった)一般的な行為類型に包摂できるのも,行為者自身の内面が実際にどのようなものであったかどうかとは独立に,またその人の性格がどのようなものであるかにかかわらず,純粋な自由をもった行為者を想定しているからである。

このような,自己活動の意識を根拠として自由と道徳法則の実在性を論じる義務論は,いわば外的事物を認識する理論理性と行為する際の実践理性を同一視するところにその根拠があるが,この両者が同一と言える根拠は必ずしも明らかではない。また,実践理性の場合,自己活動にともなう意識は「この私」という個別性を免れない。カントにおいては,この個別的な理性の働きを他者に「転移する」理論理性の働きを根拠に超個人的な「理性の事実」を導き出している。そのため,個々人によって異なる各私的な欲求や幸福がいかにして共通のものになりうるかという問題が残ることになる。「……してはならない」という道徳法則が一般的に成立することは言えても,具体的に,例えば「殺してはならない」という道徳が一般的道徳法則から導き出されることは保証されないのである。

◆アリストテレスの目的論

そこで,次に考えられるのが,具体的な命令については,それに即したそれ

---

18) 同上73頁。
19) 同上12頁。
20) 同上140頁。

それ異なる目的によって根拠づける方法である。その典型はアリストテレスに見ることができる。彼は，いかなる実践や選択もすべて何らかの善（アガトン）を希求していると考え，医療にとっての健康，造船にとっての船，家政にとっての富など，さまざまな個別的目的全体を覆う最終目的を最高善と呼んでいる（『ニコマコス倫理学』第1巻第2章）。すべてを原因から考える自然科学的発想に慣れてしまっているわれわれには，この目的論的な考え方というのは分かりにくいかも知れない。だが，この点については『ソフィーの世界』がかなりうまい説明をしてくれている[21]。そこで出されている例は，「なぜ雨が降るのか」という問いかけである。われわれは，水が蒸発して水蒸気となり，それが軽くなって上空に上昇し，そこで冷やされて水滴となり，重力の作用によって地上に落ちてくる，と考える。この現象を，アリストテレスは，水という「質量因」，気温の変化という「作用因」，地上に降り注ぐという雨の「形相因」，それに加えて動植物を生かせるための「目的因」によって説明する。つまり，雨が降るという現象が起こるのは，これら4つの働きが結合した場合だというのである。

　この観点は，すでに見た「なぜ」という問いにとっては非常に重要である。科学的に因果関係が説明されても，それは「どのように How」という説明とはなっても，「なぜ Why」という問いに答えたことにはならないからである。ここでは，行為を制約する（つまり，「……してはいけない」という仕方で規制する）原理としての目的論の意義についてのみ注意を促しておきたい。カント的な純粋意志とか超越論的自由という考え方に対して，そんな抽象的で観念的なものに依拠した議論は身体を持って生きているわれわれの現実的欲求を無視した形式的なものにすぎないとして批判する議論がある。だが，それでは，身体的生存やその欲求は何のためかという問いに対しては十分な答えを与えられない。身体的に生きることが最も重要なことで，死への恐怖を与えるものが悪だとする考え方がホッブズ以来の近代的な考え方の主流を占めているが，これは「なぜ」という問いを封殺するものではないだろうか。「殺してはいけない」のは「なぜ」か，と問うことは無意味なのだろうか。

21）　コルデル1995年；147頁。

「肉体をともなったあらゆる人間の生の営みを無価値化してしまう」とは，ソクラテスに対するある評価であるが[22]，このような評価は，ソクラテスのみならず，最高善としての目的因を説くアリストテレスにも，経験的欲求から独立した自由を説くカントにも当てはまりそうである。「無価値」とされる，その「価値」とは一体何であろうか。

◆価値という視点

そこで，次に，行為を制限する規範を価値の面から考えてみよう。ある行為が禁止されるのは，その行為によってある価値が損なわれるからだというのは分かりやすい議論である。ところが，この「価値」自身，なかなか扱いが難しい。なぜなら，まず第1に，主観的か客観的かという問題がある。ある人があるものXを欲するならば，Xはその人にとって価値がある，と考えて，その人にとっては「Xを欲する」ということと「Xに価値がある」こととは事実として一体であり，両者はともに事実判断だとするのが主観的価値論の立場である[23]。他方，「この作品は大変価値があるが，私は気に入らない」などと言うことができることから，価値を主観的欲求（快）に帰着させることに対する反対論（客観的価値論）がある[24]。

前者によれば，価値とは「幸福に対する有用性」であり，価値の妥当性は客観的に検証できるとする。そして，ある人の幸福は別の人にとっての不幸かも知れないので，客観的な価値とは言えないにしても，その人にとっては価値がある。そのようにして，全員とはいかなくとも，大多数の人にとって幸福＝価値があるならば，ある程度普遍的な価値を導き出すことができることになる。

このような主観的価値論に対して，客観的価値論の立場からは，各人の幸福あるいは各人が「欲する」ということと，欲せられるものそのものに価値があるということは別のことだと批判される。実際，「その物件はよい」ということと「私はそれを欲しない，快くはない」ということは両立しうるし，経験的な因果関係において快も不快も呼び起こさない物件に価値を認めることができ

---

22) 笹澤1995年；317頁。
23) 例えば平尾2000年；226頁。
24) 例えばシェーラー 1976年；153頁。

る。また，不快な体験にさえ価値を見出しうる場合さえあるからである。

　さらに，価値を現実的なものと関係づけようとすると，ほとんどの「物」が商品化されている現在では，ある人にとってある物がもつ有用性としての使用価値は交換価値を前提とせざるをえず，貨幣を媒介とする交換価値は別の使用価値との交換比率として表われるから，偶然的で相対的なものでもある[25]。金融システムの破綻が議論されている現在，問題の背景には，諸々の価値が経済的な価値すなわち貨幣で計れる価値に一元化されるという現実があるように思われる。そして，なぜそのような事態に立ち至ったかを考えると，絶対的な価値を頂点とする諸価値の客観的序列が疑われ，いわゆる「価値相対主義」が一般化したために，貨幣で計れる価値だけが現実的と見なされるということがあったのではないか。

　確かに「価値観」ということばで表わされる各人の欲求や目標は多様であるが，そうした現実は，多様な価値観が無差別に対等であることを示すものではないはずである。価値相対主義とは，個々人のもつ価値観の相対性ではなく，むしろもろもろの価値の間の優劣のつけがたさに由来するものであろう。例えば，生命価値と人格価値，情緒的価値（美や快）と理性的価値（真や正），これらに相関する心情や意識は同じ個人のなかでも葛藤をかかえながら共存するはずである。とすれば，価値を（人びとが実際に抱く欲求などの心理的過程などの）事実と明確に区別するにしても，諸々の価値が人間の諸構造（身体，衝動，感情，理性）とどのように相関しているかが問題となる[26]。

　その場合，人間の成長過程における価値観の変遷も問題になろう。それを道徳意識の「発達」と呼べるかどうかも問題だが，ここでは，そうした問題のすべてについて論じる余裕はないため，法的な価値と道徳的な価値との対比にのみ焦点を当ててみたい。

---

25)　マルクス1969年；68頁以下。
26)　小椋・河野1967年；23頁参照。

3　法実証主義

◆道徳を法から排除する？

　道徳的な価値とは独立に法的価値を確定できるとする立場が，一般に「法実証主義」と呼ばれる。しかも，「確定できる」だけでなく「確定すべき」だとも言われる。自然法を含む道徳を法から排除しなければならないというのはどうしてだろうか。「法実証主義への大道を拓いた」とされるドイツ歴史法学派のサヴィニーによれば，法は人間の合理的思考によって一挙に作られる（法典化される）べきものではなく，言語の発展と同様に，民族の共同の確信（民族精神）から有機的に成立するものである（1814年『立法および法律学にとっての現代の使命について』[27]）。これは，現代では，フランス革命に対するロマン主義的反動（三島），あるいはローマ法優位の当時のヨーロッパにおいて，それをドイツの現状（ゲルマン法）に即したものに解釈しなおしていくことを主張したもの（民族を実在としてではなく文化概念として捉える古典主義）とみなされている[28]。

　この学派から出てきたものに「概念法学」（イェーリングの命名）がある。これは，実定法秩序の自己完結性と無欠缺性を主張するもので，法律家は道徳や政治（政策的配慮），経済的効果に関与することなく実定法の論理的操作によって具体的事件を解決すべきだとするもので，少なくともヨーロッパ全体に共通する法体系を前提する「パンデクテン（ローマ法）法学」から生まれてきた。イギリス以外のヨーロッパ大陸では，11世紀以来，再発見された古代ローマ法が法領域のほとんどすべてを網羅する「書かれた理性」として大きな影響を与えていた。ヨーロッパ最古の大学とされるイタリアのボローニャ大学は，ローマ法を学ぶために集まった学生たちが作ったものであった（1088年）。そのため，ローマは世界を力と法によって2度征服したとも言われる。実際，遠く離れた日本でも，今なお公法と私法の区別や民法内部の領域分け（物権，債権等）などに，ローマ法の影響を見てとることができる。

---

27)　三島1980年；320頁より。
28)　竹下1995年；187頁。

ローマ法の影響をあまり受けずに独自の法体制を形成してきたイギリスでは、「分析法学」の祖とされるオースティンが『法理学講義』(1863年) において法概念の分析を行い、「不適切な意味での法」(自然科学的法則や儀礼など) と「適切な意味での法」を区別した。後者はさらに、人定法と神の法に分けられ、人定法は主権者の命令に基づく実定法とそれ以外の実定道徳に分けられる。そして、この主権者の命令による実定法こそが「厳密な意味での法」であるとされた。このような概念分析の視角が、自然法のような道徳法則を否定し、実定法の完結性を主張する意味での法実証主義に当たるかどうかについては議論のあるところである[29]。しかし、法に拘束されない主権者（オースティンが考えていたのは議会）という見方は、法内容の正当性や妥当性よりも、法を執行する実力（実効性）を重視していることは確かである。

　このように、19世紀の法実証主義の特徴は、法のあるべき姿よりも現実的な法のあり方に注目する点で共通している。つまり、自然法のように、神の法という宗教的な意味での普遍的な命令とも関わり、あるいは個々人の間や地域、時代によって異なる特殊な道徳ともつながりうる規範は、実効性の点からその「存在」が疑われたのである。

◆ケルゼンの純粋法学

　これに対して、実効性よりも妥当性、実際的な効果よりも規範論理の一貫性に法実証主義の基盤を見る法理論がある。ケルゼンの「純粋法学」である。それによれば、「法秩序は法規範の体系」であり、法に固有の法則性は、自然法則のように「もしaならばbである」ではなく「もしaならばbであるべきだ」という規範論理である[30]。つまり、法は、事実として観察されるものとは異なり、aが原因でbが結果なのではなく、aとbは条件と効果として結びつけられるに過ぎないということである。したがって、法体系の外では「窃盗」も「刑罰」も存在せず、窃盗犯も実際には処罰されないかも知れない。

　この条件と効果の結合は、一般的（抽象的）規範の個別化（具体化）でもあり、すべての段階に見られる。法の創設と見られる立法も上位規範によって規定さ

---

29)　詳しくは、八木1976年参照。
30)　ケルゼン1971年；80頁。

れる法の適用でもある[31]。同時に，法の適用と見なされる裁判も，それによって刑罰や強制執行が生じるべきだとされる限りにおいて，法の創造でもある。立法と裁判は，ともに法創設過程の2段階とされるのである。道徳的な規範の場合，例えば「誠実であるべきだ」という一般的な規範から「嘘をついてはならない」などのより具体的な規範が演繹される。一般規範は個別規範の内容を含んでいるのであり，思考作用（推理）によって一般的なものから特殊なものが取り出される。これに対して，法規範の場合は，その内容に基づいて妥当するのではなく，いかなる任意の内容も法でありうる[32]。道徳規範と同様に自然法がより一般的な規範から思考作用によってその内容が推論されるのに対して，法規範は内容によってではなく，意志的に定立されたものとしてのみ妥当する。それが道徳と異なる法規範の特徴，すなわち実定性である。自己の創設を規律することが法の特性ともされている[33]。

　ただし，法の定立は慣習から立法，裁判まで各段階にわたっているが，その各段階を全体として定立された法規範と見なすことを可能とする最終的な規範（根本規範）は定立されたものではなく，前提されたものである[34]。したがって，この根本規範は，事実として存在するものではなく，実定法を有効な法規範として理解しようとする限り無意識的に想定されているものを意識化するための「仮説的基礎」にほかならない。自然法を排除して実定法秩序のみを法として認めようとするケルゼンの法実証主義において，定立されたものではないにもかかわらず規範体系から排除できなかったものは「論理」である。というのも，ケルゼンによれば，互いに相反する規範が定立されたということを事実として主張することはできる（事実に関する主張としては論理的に矛盾しない）が，両者が同時に規範として妥当すると主張することはできない（規範論理的には矛盾する）からである[35]。ケルゼンは，法は事実ではなく規範であるとしている（新カント派の方法二元論）が，その規範とは「意味の世界」にあるものだとも述べて

---

31) 同上389頁。
32) ケルゼン1974年；103頁。
33) ケルゼン1971年；390頁。
34) ケルゼン1974年；108頁。
35) 同上208頁。

いる。

◆根本規範

　意味の世界にある法規範の論理性とはどのようなものであろうか。「法秩序を構成する一切の構成事実の規範的意味（傍点引用者）は，結局，根本規範に基づく」とされ，「根本規範の意味」が明確になるのは「法秩序が合法的にではなく，革命的方法で新しい法秩序に置き換えられる場合」だとされる[36]。つまり，権威として法の定立を指定するものが根本規範であり，例えば，君主から革命政府に変わるような場合には，根本規範の内容が変化したことになる。もし，革命が失敗すれば，元の秩序に照らして違法な法の侵害となり，成功すれば新しい憲法の定立となる。自然法則の必然性のように，実際に起こることがすべて起こるべくして起こる場合や，実際に起こったことがいかなる秩序にも全く適合しない場合，そのような秩序は無意味だとされる。言い換えれば，生起する事実と必然的に一致する秩序も，全く一致しない無秩序も，法規範の秩序としては無意味であり，規範はある程度事実との不一致の可能性がなければならないということである。

　ということは，ケルゼンの言う「規範的意味」とは，ある事実をある秩序のなかに位置づける意味ということになろう。ある事実や行為を「1つの」事実や行為として意味づけるものは普通，コンテクストとか解釈枠組みと呼ばれるものであるが，それだけだとすると，コンテクストは実に多様である。例えば，ある金銭の授受は，経済的コンテクストでは貨幣の支払いであり，政治的には政治献金，法的には賄賂，道徳的には援助という意味をもちうる。「極端な法実証主義」を自認し，「正義とは不合理な理想」とするケルゼンの立場からすると[37]，旧秩序の下で合法であったものが新秩序の下で不法とされるのも（またその逆も）当然であり，時間的な懸隔があれば，同じ行為が過去において合法とされ，現在では不法とされても，その意味づけはともに論理的に正しいということになる。

　そこでは，ある行為が責任を問いうる違法行為であることは各国の法律に

---

36)　同上107, 109頁。
37)　同上33頁。

よって「根拠づけられ」，しかもその行為類型と処罰のあり方が「明確に」定められていなければならず，「類推解釈」や「遡及効」は否定される。法的責任成立のためのこうした基本的条件は，刑法学で「罪刑法定主義」として知られる近代の「合法性原理」である。この原理を前提とする限り，例えば，ナチス時代のドイツ帝国でなされた「安楽死や断種強制」，冷戦下の東独で行われた越境者の射殺も合法的なものとなり，一旦法に照らして犯罪者とされた「政治犯」は法体制が変わってもなお「犯罪者」のままである。こうした意味の違いは，時間の経過だけでなく，戦争犯罪に関する勝者と敗者の間でも起こりうる。東京大空襲という史上最大規模の無差別爆撃を計画，命令したルメイ将軍は，後に「もしもアメリカが戦争に敗れていたら，自分は戦争犯罪者となっていたであろう」と述懐している[38]。また，つい最近 (2009年) の事例でも，アメリカで指名手配された日本人女性のアメリカ人の夫が日本で逮捕されるという事件があった。離婚後であっても子どもと会う権利を元配偶者に認めたハーグ条約に加盟しているアメリカでは，元配偶者の同意なく子どもを他の地域に連れ去ることは犯罪であるが，当条約を認めていない日本では，条約上の権利を自ら実現しようとする行為が犯罪となるためである。

　ケルゼンの「根本規範」は純粋に論理的仮説であって，具体的な内容はもち得ないはずであるが，このように時間的あるいは空間的に異なる実定法体系のそれぞれに異なる「根本規範」がありうるとすれば，複数の「根本規範」どうしの関係が問題となってくる。

4　善と正義

◆法実証主義のパラドックスと正義

　上で見たように，実定法のレベルでは，ある場所 (国家) では合法行為でも別の場所では不法となりうる。そうした空間的な違いだけでなく，同じ場所で

---

[38] この空爆が原爆投下につながったことや，政府による事実の隠ぺい，科学技術信仰がもたらした原子力発電の拡大といった問題を指摘し，アメリカの政策を批判するものとして，ユードル1995年参照。

も時間が異なると合法と不法が逆転することは歴史的事実である。その点で厳密な意味での法実証主義は，一貫性をつらぬくことができない。一旦合法的な手続きを経て成立した法律によって合法とされた（あるいは命じられた）行為は，当然刑罰を科せられるものではない。しかも罪刑法定主義の原則によれば，行為の時に合法であったものを事後法によって処罰することは許されない。これは，合法化された行為は改めて処罰されることはないという，市民の法秩序に対する信頼を保護する原則（合法性原理）である。ところが，「国家権力の担い手が重大な不法を要求し，これを促進し，その不法領域のために可罰性を排除している場合には，そうした信頼の基盤が欠如している」（ドイツ連邦憲法裁判所[39]）としてこの合法性原理が否定される場合がある。

　具体的には，ナチス時代に合法とされた行為について戦後になされたドイツの裁判，統一後に旧東ドイツの兵士による逃亡市民射殺行為に関する裁判など，さまざまな実例が見られる[40]。逮捕を免れようとして警察官を射殺した脱走兵，旧法体制の下で合法的に没収された財産の返還を求める人，密告によって隣人を死刑に追い込んだ人など，個々の事例は異なるが，一般化して言えば，法律上の不法（法律の形をした不法）を判定する基準の問題である。内容ではなく由来によってのみ法は識別されるとする法実証主義の下では，そのような基準は想定されず，遡及効も否定されるのであるから，「法律上の不法」とは形容矛盾以外の何ものでもない。ドイツでは，戦後すぐにこの問題が大いに議論され，「ラートブルフ定式」と呼ばれる原則が打ち出された。すなわち，「正義の追求がいささかもなされない場合，正義の核心をなす平等が実定法の規定にさいして意識的に否認されたような場合には，そうした法律は，おそらく単に『悪法』であるにとどまらず，むしろ法たる本質をおよそ欠いている。」[41]とするものである。

　正義への関心が全く示されないような法律は，たとえ形式的・手続的には合法的に成立したものであっても法ではない，というこの定式は，まさに「法実

---

39) 上田2002年；28頁より。
40) 竹下1995年（第2章）参照。
41) ラートブルフ1961年；261頁。

証主義のパラドックス」[42]を明らかにしている。というのも，法実証主義とは，内容的な正しさではなく，法律の成立過程の合法性だけで法を不法から識別できるという立場のはずだからである。ラートブルフは，戦前，法の理念として正義と法的安定性，合目的性の3つをあげて，部分的に不正な法であっても法的安定性としての現行秩序が優先するとしていたのであるから，合法性原理に立つ法実証主義者と目されていた。その彼が，ナチス体制の崩壊直後（1946年）にこの定式を含む論文を発表したことによって，自然法論への転向を果たしたと見られ，いわゆる「自然法論の再生」を導いたとも言われる。

　だが，彼が提示する法と不法を分ける基準としての「実定法を超える法」（＝正義の核心）には「平等」（への配慮）がおかれているが，何の平等かについては必ずしも明確ではない。彼はいくつかの事例をあげて，「ナチスのいわゆる《法》なるものが，等しいものは等しく扱うという正義の本質を規定する要求を拒もうと意図していたことは，はじめから表明されていたわけである。したがってその限りで，ナチスの《法》は，法としての本性をおよそ欠いており，不正な法というよりは，そもそも法では全くない」[43]と述べている。「等しいものは等しく扱う」とは古くから言い習わされてきた正義定式の一つであるが，彼がより具体的に述べているところによると，「人間を人間以下のものとして扱い，その人権を認めなかったすべての法律が法たる性格を欠いている」とされる。とすると，正義の核心とは，結局，人間を人間として平等に扱うということであり，人権をすべての人に認めることになるようだ。

　この意味の正義は，戦後ドイツの基本法第1条（人間の尊厳は不可侵である。これを尊重し，かつ保護することは，すべての国家権力の義務である）によって制定法化されたと言えよう。しかし，「人間を人間として等しく扱う」ということは一見自明なことのように見えるが，必ずしもそう簡単ではない。事実，ラートブルフ自身，そのように述べる同じ論文において，密告者と裁判官，そして死刑執行人について，それぞれの責任は役割に応じて異なるとしている。それによれば，密告者が有罪となるのは，裁判所を道具として利用することである

---

42) 上田2002年；27-28頁。
43) ラートブルフ1961年；262頁。

人を殺害しようとする犯意を持っていた場合であり，裁判官が殺人罪に問われうるのは，適用される法規が法とは言えない場合にその法律を適用することで法を歪曲した場合である。そして，死刑執行者については，判決に従っている限りその行為は正当であり，構成要件からして執行すべからざる刑罰を故意に執行した場合にのみ有罪となる。これはいわば，社会的役割の違いに応じて同じ人間であるはずの個々人に対して異なる扱いを要求していることになる。

　正義あるいは人間の尊厳といった抽象的な概念を具体的な事例に適用しようとする際の困難が，ここに表われている。戦後のナチス裁判には，「あらゆる成文法規の上にある人間の権利」とか「国家といえどもその立法によって廃止することのできない人間の権利」があるのであって，そのような権利を奪う法律は当時から無効であったという趣旨の判決が見られる。ドイツ語の場合，権利と法とは同じ単語 Recht であるから，制定法 Gesetz を超える法と制定法の上にある人間の権利とは基本的に同じことを意味する。したがって，それは自然法ないし自然権と呼ぶこともできる。だが，具体的な行為が問題になる場合，（例えば強盗と強制徴税，殺人と死刑執行など）客観的に見れば同一の行為であっても，行為者の動機や目的，社会的コンテクストによってその意味は異なる。

◆ロールズとサンデル

　ロールズは『正義論』のなかで，正義が要請される条件を「正義の環境」と呼んでいるが[44]，それは上で述べた同一性と差異性に関わっている。ロールズの正義論では，「もしも共通の理念に同意する聖人のコミュニティが存在するとすれば，正義をめぐる論争は生じない」とされるが，聖人ならぬ人間の社会では，協働を可能にするとともに必要とする客観的環境（協働を実現するためのルールが不要なほど豊富でもなく，協働を不可能にするほど不足してもいないという穏やかな資源の希少性と，力の格差が解消不可能なほどに大きくはないという人間のおよその平等性），および各人の知識や判断力不足から自然的および社会的資源に対する要求が対立するという主観的環境（他人を思いやる利他性の限界）があるために，正義が「社会制度の第一の徳目」として要請される。これはつまり，人

---

44) ロールズ1979年（第3章22節）。

間は一人で生きるよりも社会生活を営む方が有利であるという一般的，抽象的な観点では一致しうるが，その利益がどのように配分されるかという具体的な問題に関しては利害対立が生じるということである。

　この具体的利害の対立が生じるという場合の利害をロールズは，各人の人生計画に基づく1つの自我 a self にとっての利益とみなしている。そこで，正義の原理は個々人の「善き生の構想」に基づく利害を他に強制することのない普遍性をもたなければならないとして，善に対する正義の優位性ないし基底性を主張することになる。言い換えれば，各人がそれぞれの生き方や幸福を追求することができるような基本的枠組みに関わるのが正義であるから，正義を主張する際には各人の特殊な「善き生の構想」（さまざまなエゴイズムの形態）は排除されなければならないのである。各自の人生計画によって高められる利益は自我一般 the self が必然的に有する利益であるとは仮定されていないが，認識不足や道徳的欠陥から自分の善の構想を認めるに値するとみなすという意味で1つの自我 a self の利益であり，哲学的，宗教的，政治的，社会的信条において各人は多様である，と想定されている。こうした想定は，他のリベラリストやリバタリアンにも共通していると言ってよいであろう。

　これに対して，サンデルをはじめとするいわゆるコミュニタリアンたちは，各人がそれぞれ異なる人生計画（「善き生の構想」）をもつという基本的な想定そのものを問題とする。ロールズが「社会制度の第一の徳目」とする正義は，彼の人格概念と表裏一体の関係にあるが，この両者は両立しないというのである。[45] というのも，個々人が持つ（あるいは選択する）偶然的で恣意的な善の構想に左右されることなく普遍的な社会構成原理を取り出すためには，一方でそうした特殊とされる善とは異なる共通の正義原理に同意するという意味で人々の間に共通性 unity がなければならないが，他方では，かれらが実際に選択する善は多様であるという意味での差異性がなければならない。ロールズは，人間の主体性については共通性よりも複数性を前提とすべきであり，その逆は正しくないとしているからである。

---

45) サンデル1992年：106頁。なお，本訳書では，unity を統一性と訳しているが，ここでは「共通性」という言葉に置き換えているなど，訳語には若干の修正を加えている。

共通の正義原理に同意すると想定される人間主体ないし道徳的人格の概念は，特定の所有対象や愛着の対象に毒されていないという意味で，それらから距離をとった「負荷なき自我」にほかならず，したがって「相互に無関心」な存在とされる。そのような存在であるからこそ普遍的正義原理を理解し，それを選択すると考えられるのである。つねに相手のことを思いやり，争いのない理想的な家族関係や明確に限定された共通の自己同一性をもつ共同体においては，正義の環境が存在しない。そのような家族関係や共同体の一員となることは，あくまで各人の主体的選択の対象であり，各人の自己同一性 Identity を構成するものとはみなされない。カントにおけるように叡智的「目的の国」における超越論的主体を前提とせず，あくまでも経験論的な立場に立とうとするロールズは，あらゆる善の構想と区別される正義原理を理解しうる人間主体を「無知のベール」という理論的仮説によって構成する。この点で，彼の正義論と人間論とは互いに条件づけあう関係にある。

　「無知のベール」とは，自分が現実の世界のなかでどのような役割や地位にあるか，そうした現実の属性を知らない状況に人々をおくための仮説である。このベールをかぶせられることによって，人々は社会のなかで自分が最も不利な立場にあると想定される場合でも同意できる社会構成原理を選択するはずである，という想定である。だが，そうだとすると，サンデルによれば，さまざまな現実的属性から切り離された主体を他の主体から区別する基準が不明確となり，人間の複数性を主張する根拠が失われてしまう。しかも，全く性格的属性を欠いた義務論的自我は，人間として負うべき自然的義務や歴史的状況，自分では召還も制御もできない他のものと関連していることを知りうる存在ではなく，その意味で自分がそもそも何者なのかという自己反省の可能な存在ではなくなってしまう。

　ロールズ的リベラリズムは，こうした属性を欠いた「負荷なき自我」を私的領域ではなく「公的領域」においてのみ主張するかも知れないが，「無知のベール」の下での独立した自我の主張は，特定の領域に限定されるものではなく，いかなる価値や目的からも独立した自我を要請するものであるから，そうした自我にとっては公私の区別をあらかじめ前提することができない。「リベラリ

ズムは，自我と目的との距離を尊重すべきことを教えているが，この距離を完全に確保しようとするとき，その洞察を掘り崩してしまう」というのが，サンデルによるロールズ批判のポイントである。[46]

　正義と善とを区別した上で正義の優位性を説くリベラリズムには，このような根本的な疑問が提起されている。ロールズ流リベラリズムの説く公共的正義論は，人間の複数性という形で共通性に先立つ各人の個別性を前提としているが，それは善についての概念であって，正義の概念について市民は同じ原理を持つとされている。[47] ロールズによれば，個々の情報が（無知のベールによって）排除された上でなされる正義の判断は，具体的には立法や基本的社会政策において要求されるのであって，司法と行政の段階では関連する事実がすべて配慮されるべきであり，情報に関する制約は解除されるという。

◆司法と正義

　そうだとすると，具体的な事例を扱う司法の場では，制約された情報の下で下される正義原理に関する判断よりも，すべての情報を考慮してなされる判断が優先されるのであろうか。だが，裁判官をイメージさせる西洋世界の「正義の女神」は周知のように目隠しをしているし，日本でも大岡裁きで有名な江戸時代の大岡越前守も障子越しに証言を聞いたと言われている。現在の裁判でも，基本的には証拠にのみ基づくことが規定されていて，多くの情報は遮断されているし，そうあるべきだと考えられている。長期的な政策判断と社会全体への公正な配慮が求められる立法過程と具体的な事件の法的解決を求められる司法の場では，制限されるべき情報の質や量は異なるかも知れないが，制限されるべき情報と制限されてはならない情報とを区別する基準はどこにあるのだろうか。

　例えば，「心神喪失者の行為は罰しない，心神耗弱者の行為は減刑する」という刑法第39条の規定は，法的処罰の判定において余計な情報を考慮させる

---

46) サンデル1992年：298頁。これ以外のコミュニタリアンによるリベラルな自我論に対する批判として，マッキンタイア1993年（特に64頁以下，250頁以下），テイラー2010年をも参照。また，その後の論争状況については，ムルホール・スウィフト2007年参照。
47) ロールズ1979年（第7章68節）。

不当な規定であるのか,それとも犯罪成立の要件を確定する最終段階で求められる「責任能力」を判定するために不可欠の情報を規定したものであるのだろうか。この規定は不当なものであるから削除せよとする主張の根拠の1つに,刑罰を科すことが正当化されるのは行為者の「責任能力」ではなく,単純に法的ルールに反して他人を害したという外部的な行為にのみ求めるべきだという考え方がある。他方,このような考え方の背後にあるのは「報復感情」の満足にあるが,報復感情が社会的に建設的な役割を果たした歴史的実例はないとして,現実的観点からこうした主張を批判することでこの規定を擁護する者もある。そこから,改めてこれらの主張の理由,根拠が問題となる。その意味で,この問題は,再び第1章におけるテーマ「なぜ」という問いに関わってくる。

そこで,最終章では,第1章とは少し違った角度から,つまり,民事であれ刑事であれ,損害賠償や刑罰という形でわれわれが法的責任を追及する根拠,理由はどこにあるのか,という観点から改めて「なぜ」という問いの意味を考えてみたい。

---

48) この点に関する論争については,呉・佐藤編著2004年を参照。

★ *Column 4* 　映画『日独裁判官物語』（1999年日本のドキュメンタリー映画）

　これは，片桐直樹監督のもと日本の弁護士連合会によって制作されたものである。制作費の制約があったためか，比較的最近の作品にしては映像もあまり鮮明とは言えず，私も2000年に初めてこれを見たときには，正直眠気を催してしまった。しかし，裁判員制度も導入された今，本書の基本テーマである「法的正義」と「法的責任」を考える上で，重要な意味をもつ映画である。

　まず，口頭での説明よりも映像によって受けるインパクトの強さが際立っている。冒頭の映像がそれを印象づけてくれる。その映像とは，日本の最高裁判事たちが黒塗りの車で登庁するシーンと，ドイツ連邦憲法裁判所の判事が小型バイクを自ら運転して登庁するシーンとが対比される場面である。最後の映像でも，ドイツ憲法裁判所のガラス張りの明るい法廷と，壁と分厚い扉に囲まれて一段と高い裁判官席によって威厳を醸し出している日本の最高裁大法廷との落差がきわめて印象的に描かれている。また，この映画を撮影するために裁判所への立ち入りや裁判官への取材を願い出たが，日本ではほとんど断られたという。

　映像と裁判官たちの証言を中心に構成されているこの映画のもう1つの見所として，裁判官たちの日常生活にまで踏み込んだ取材がなされている点も注目される。ドイツの裁判官たちは夫婦共稼ぎの場合も多く，自ら望まなければ転勤する必要もないという。地元に根を張り，地域行政の相談役や学校では法律の授業のボランティアを行い，政治的立場も鮮明に出して政治集会にも顔を出す。裁判所の位置も駅周辺とか繁華街のビルの一角に配置され，市民も自由に出入りして，裁判以外の集会や展示会なども行われている。法廷も民事事件などの場合，ほとんどラウンドテーブル形式で行われ，当事者の合意があれば法廷の撮影も認められている。

　これに対して日本の裁判所や裁判官はどうだろうか。ほとんどが数年ごとに転勤させられ，宿舎も官舎という閉ざされた空間に押し込められている。一般市民との交流はない，というより禁止されているというのに近い。政治的集会に参加したという理由で再任拒否，任官拒否といった「処分」もかつて実際に行われたため，非常に窮屈な環境で，しかも1人当たり毎年数百件の事件を抱えているというから，政治参加どころか「普通の」市民生活さえままならないのではないかと，同情さえしたくなる。映画に登場した元裁判官の証言によれば，昇進，任地，給料などの人事権を握っている最高裁事務局の意向に逆らえず，上ばかり見ている裁判官が多く，「ひらめ裁判官」と自重気味に語っているのが印象的である。ドイツの裁判所も戦後初めからこれほど開かれていたわけではないことなど，その歴史的経緯にも触れられており，日本が参考にすべき点も多い。

　また，裁判に求められる「中立性」「公平性」の意義についても考えさせられる。

第5章 法的正義と法的責任

1 日本人の法感覚

◆法律は殺人を禁止していない?

　ここまで，「なぜ人を殺してはいけないのか」という問いに含まれるさまざまな問題を考えてきた。この問いをいきなり学生にぶつけてみると，「法律で禁止されているから」と答える者が少なくない。こうした回答に隠された意識はどのようなものであろうか。考えうる思考法を取り上げてみよう。

　まず，実定法の権威に対する無邪気な信頼感が考えられる。実際，客観的に見れば「殺人」にほかならない「死刑」を容認する人が圧倒的に多いのも，それがなお権威ある法律によって規定されているからと考えることもできそうである。もしそうだとすると，殺人禁止だけでなく，法律が禁止したり義務づけたりする行為は無条件で守らなければならないと考えていることになりそうだが，未成年者飲酒禁止法や未成年者喫煙禁止法などがそれほど厳格に守られているとは思えない。あるいは，こうした禁止法と殺人禁止とはレベルが異なり，殺人の場合には法律によって禁止されるまでもなく，当然に禁止されるべきことがらだと考えるからであろうか。だが，刑法は殺人を禁止しているのではなく一定の処罰の条件として定めているだけである。法律は無条件に殺人を禁止しているのではなく，正当防衛や死刑，正当業務行為などに当たらない「違法性」のある行為のみを処罰対象としているのである。

　こう考える場合，「法律で禁止されているから」という回答が意味するのは，法が全面的に殺人を禁止しているのではなく，それぞれ具体的なケースについて，あるいは裁判において刑罰が加えられる場合を念頭においていることになる。つまり，実際に処罰が行われる場合に禁止されていると言っているのに等

しく，理由や根拠を説明しているというより，結果から根拠を類推していることになろう。すると，裁判所が行う法的処罰自体の違法性や不当性を論じる余地はないことになってしまう。それほどまでに絶対的な権威を裁判所がもつと考える理由は何であろうか。

日本の刑法は殺人罪について死刑を科すことを認めているが，憲法は「残虐な刑罰」を「絶対的に禁止」している。死刑が端的に殺人の一種であるとすると，刑法は殺人を全面的に禁止しているわけではないことになる。また，死刑が「残虐な刑罰」に当たるとすると，刑法は憲法の規定に反することになる。死刑が殺人に該当するのか，残虐な刑罰に当たるのか，「法律」の文言だけでは明確な答えは出てこない。つまり，個別的な法律が人を殺すことを禁止しているかどうかは必ずしも明らかではないのである。「法実証主義」と呼ばれる考え方の問題点の1つがここにある。

◆形式的遵法義務の感覚

「法実証主義」についてはいくつかの定義がありうるが，すでに見たように，一般には「道徳的議論に訴えることなく法の存在と内容が確認できる」という考え方と言ってよい。「人を殺してはいけない」理由を法律の規定に求めることは法実証主義的な考え方であるが，法が禁止する殺人がいかなるものかということについては，すでに見てきたように死刑や正当防衛として正当化される殺人，胎児は人に含まれるのかといった問題を考えると，一概には断定できないのである。

このことが理解されているとすると，次に考えられるのは，「なぜ」という問いに戸惑った結果，理由を考えることを嫌って形式的な遵法義務の感覚に基づいて反応したということである。つまり，法規定の趣旨，内容に賛同するからではなく，法的禁止や義務に違反した場合に科される刑罰を単に恐れているだけなのだろうか。検挙率の高い殺人は避け，実際に裁かれる確率の低い窃盗などの行為は，法的に禁止されていることは承知の上で広く行われるということも十分に考えられる。その場合，個々人にとっての利害計算が根拠とされていることになり，一般的な理由を与えるものとはなっていない。法が具体的にどんな行為を禁止しているかということについて正確な認識をもっていないに

もかかわらず,法による禁止を理由に上げるのは,考えてみればおかしな話である。

それでもこの回答がもっともらしく見えるのは,「日本人の法感覚」にマッチしているからかも知れない。『古事記』以来,日本の神話や説話には「見てはいけない」というタブーが破られて「見にくい(醜い)」姿を見られた者が,見られたことによる恥のために立ち去って行くというモチーフ(最も有名なのが「鶴の恩返し」の話)が繰り返し表われる。河合隼雄はこれを,タブーを破った側における罪悪感や葛藤の「美的解決」として捉え,見られた側(そのほとんどは女性)の悲しみのなかに人間と自然とのつながりを保持しようとする日本人の心性を見ている[1]。これに対して,見た側の幻滅体験に注目して「きれいごと」「見て見ぬふり」「臭いものに蓋」「言わぬが花」といった差別感情につながっていくことを指摘したのが北山修である[2]。

見たくないこと,見にくいことから逃避して,その実態をつぶさに見ることは誰か他の人に任せようとする心情は必ずしも日本人だけではないはずである。ただ,少なくとも哲学とキリスト教の伝統をもつ西洋人は,それを悪とは何か,善なる神の創造したこの世界に悪が存在するのはなぜか,という形で問題としてきた。個人の意識のなかにある罪悪感もつねに分析されてきた。旧約聖書ヨブ記の解釈やニーチェによる道徳意識の背後にあるルサンチマンの暴露,フロイトの精神分析などはそうした議論の典型的な例である。ところが,日本人の場合(北山によれば),見にくく(醜く)した側の罪は,自然の脆弱性(壊れやすさ)に帰せられ,「すまない」と感じる苦痛は「水に流す」ことで癒される。あるいは,「鶴の恩返し」に見られるように,自分を犠牲にして尽くす行為は実は以前に助けられたことへの恩返しであったとして,見る側の行為が「正当化」される。あるいは,過失は誰にもあることとして「これからは二度としません」と詫びることで許される。こうした日本人の精神構造は「許され型罪

---

1) 河合2003年,同1982年。
2) 北山1982年。この北山の指摘を受けて,醜さ(見にくさ)を恥じる心を「日本の原悲」と呼ぶ河合に対して,見る側の罪を「日本の原罪」と呼び,それを自覚するところに真の倫理観の覚醒する可能性を読み取ろうとするのが北山・橋本2009年である。

悪感」と呼ばれる[3]。しかも，それが「ここだけの罪」として第三者（皆）に伝わる言葉にすることを避け，傷つけられた対象の脆弱性や包容力の限界を語ることが重要とされる。

◆**日本人の正義感覚**

「日本人の心」の特徴がこのような点にあるとすると，そこからどのような法感覚が生まれてくるのだろうか。「赤信号みんなで渡れば怖くない」ということばで示されるように，多くの違反者があれば法は適用されないという感覚であろうか。この場合，一人だけ厳格に法を守ろうとする人はむしろ，「くそまじめ」「杓子定規」な人として非難，排斥される可能性が高い。その場に応じた融通性が重視されるわけで，上に見た「日本人の心」すなわち，その場限りの「許され型罪悪感」に通じるものであろう。これは，カント的な「普遍化可能な立法原理」に従う自律こそ自由とする考え方とは対照的な感覚である[4]。そこでは，法は一般庶民の感覚とは無縁な「お上の御定法」に過ぎず，まして庶民的正義感覚とは異質なものとみなされる。

具体的な事件としては「忠臣蔵」が有名である（現代の若い人にはピンとこないかも知れないが）。主君の仇を討つという名目で他人の屋敷に闇討ちをかけ，主人を殺してしまうという行為であるから，法的に見れば大変な犯罪行為に違いない。だが，庶民はこれを喝采して讃え，当時の政府（江戸幕府）も対応に苦慮したとされる事件である。討ち入りを果たした赤穂浪士たちにも罪の意識はない。しかし，政府の判決（死刑）を甘んじて受け入れている。これは，法的規定や判決と庶民的正義感覚が乖離していることを示している[5]。法はもとより，政治や社会も，それらを理論的に一般化して捉えようとすると抽象的なものになるが，それに反発して自分の経験や実感にたてこもる「実感信仰」の

---

3) 北山・橋本2009年；55頁以下参照。
4) 川島1967年によれば，西洋では法律のことばの意味は本来確定的なものであると考えられ，解釈のはばにも限界があるとされるのに対して，日本ではつねに不確定なものであり，行政庁や裁判所の手心でいかようにも解釈可能と考えられている。そこから，裁判官を含む官吏が法に違反することはありえないことになり，法的な意味での無責任性が原則となる。また，個人間の契約もあってなきがごとき不明瞭なものとなる。
5) 中川1989年は，このような感覚を「法と正義の二元論」（法は社会に，正義は我に）と呼んでいる。

優位する状況と見ることもできよう[6]。このように日本人の「心」あるいは「国民性」から法に対する態度を説明することは観念的に過ぎ、裁判を含む法制度の不備が原因でこうした違いが生まれたのだとする考え方もある[7]。

　だが、法は倫理や道徳を基盤としているのではなく、単に「社会的秩序」を維持するのに必要なことを定めているだけであって、殺人禁止も道路交通上の規則と同様の意味しかもたないとする考え方は広く認められるのではないろうか。つまり、本来右側通行でも左側通行でもどちらでも構わないのだが、一旦決められた以上はその規則を守らなければならないという考え方である。ただし、本来はどちらでもよいのであるから、法の規定はいつでもどのようにでも変更されうると見なされる。この場合、かつては「仇討ち」や「決闘」、「女敵討ち」が認められていた時代もあったのだが、現在はたまたまそうした行為類型も法的処罰の対象たる「殺人」行為に組み込まれているがゆえに「いけない」のだということになる。実際、死刑に関する世論調査によると、一貫して死刑存置論が圧倒的多数を占め、しかも近年は理由のいかんを問わず殺人には死刑を、といった厳罰思考が増えているように思われる。

◆法の遵守と道徳法則

　この点について、例えば、「契約はなぜ守らなければならないのか」という問いに対しても、学生の多くは「自分が信用されなくなるのが怖いから」とか「相手との関係がスムーズにいくようにするため」といった回答を寄せる。こう考える場合、ある約束については信用が失われてもいい、ある人との関係がこじれてもやむをえない、と本人が思ってしまえば、守る必要はなくなってしまう。カントの思想にその典型が見られるように、西洋では、契約が拘束力をもつ理由として個人の自己同一性を保つことを上げる人が多いと言われる。つまり、一旦ことばに出した自分の意思はその後も自分自身を縛るのであって、安易に約束を破る者は「嘘つき」と同じであり、「嘘をつくな」という命令はいかなる場合でも守られなければならないのである。その時その時の事情とい

---

6)　丸山1961年参照。
7)　大木1983年は、主に川島の唱えた「日本人における権利意識の希薄性」「日本人の前近代的な法意識」論に異を唱える形で、このように主張している。

う偶然によって安易に例外を認めてしまえば，道徳法則の絶対性は維持できなくなってしまうということである。

このように，ヨーロッパでは法的ルールの背後にはこうした道徳法則が控えているのに対して，日本人の感覚では法は非常に形式的なものに過ぎず，それを守るかどうかもそのときの事情による。したがって，「法が禁止しているから」という回答は自らの道徳的判断に基づくのではなく，その背後にあるのは，人を殺したりすると自分が法的処罰という不利益を被る可能性があるということに過ぎず，もしそうした可能性が少なければ，あるいは殺してしまう方が自分の利益になると判断されるとすれば，「いけない」と言ってみても始まらない，「仕方がない」，そうした感覚ではないだろうか。

◆比較のなかの法感覚

もちろん，同じヨーロッパでもこうした感覚レベルでの違いはあるはずである。例えば，次のような面白い「分析」がある[8]。

　フランスでは，法律で禁止されていること以外は原則として許されていると考えていい。
　ドイツでは，法律で許されていること以外は原則として禁止されていると考えた方がいい。
　イタリアでは，たとえ法律で禁止されていても，やっていいことがある。
　旧ソ連では，たとえ法律で許されていても，実際にはすべてのことが禁じられていた。
　スイスでは，法律で禁じられていること以外すべてのことをするように義務づけられている。

このような見方からすると，日本ではどうなっていると言ったらよいのだろうか。私の個人的経験から言えば，ドイツ，イタリア，旧ソ連についての「分析」が当てはまる場面があるように思えるが，端的に言えば「実際に法律で禁止されているかどうかは，裁判所を含む法を執行する側の腹次第」と言えるのではないか。交通違反の取り締まりに見られるように，スピード違反も駐車違

---

8) 21世紀研究会編2007年；265頁。本文に紹介したのは，日曜に洗濯物を干したり洗車したりすること，鍵を残したまま車を離れることも法的禁止の対象となっているスイスを意識したジョークである。

反も通常は見逃されているのに，ある時に「運悪く」捕まってしまうと，言い訳は聞いてもらえない。逆に取り締まる側の違法は見逃されることが多く，公務員の公務中の行為は責任を問われないという戦前の原則がなお生きているのではないかと思わされることが少なくない。

　このような日本人の「法意識」ないし「法感覚」の特殊性があるとしても，それが今後も変わらずに維持されうるだろうか。日本人ほど日本（文化特殊）論に関心をもつ者は少ないと言われるが，学生との対話のなかでも，諸外国の法制度（特に死刑廃止の圧力）に左右される必要はない，日本は日本だ，という意見が多く聞かれる。実際，日本は，古代に中国の律令制を部分的に（日本風にアレンジして）受容し，明治維新の際には当時のドイツ，フランスのいわゆる大陸法系の法制度を導入して国家的統一を果たし，戦後はアメリカ法の影響を強く受けるようになった。したがって，日本の法は，（そのようなものがあるとして）中国的法体制以前の法制度を含めると，現在では4層構造をなしていると見ることもできる。そして，外部から入ってきたものについては今なおある種の違和感が払拭できないのかも知れない。

　だが，否応なくグローバル化の波が押し寄せている現在，いつまでも日本特殊論に依拠していることは許されないであろう。グローバル化のなかで，これまでの国家単位の法体制が根本的に変革していくのか，それとも異なる国家法体制の共存という近代的枠組みは維持されていくのか，こうした問題については本書とは別に改めて考察しなければならない。ここではもう少し，「法律が禁止しているから」という回答の背後にある考え方を探ってみたい。

2　法の権威

◆法のもつ権威

　「法律が禁止しているがゆえに人を殺してはいけない」という回答には，法のもつ権威が示唆されている。実際，いかなる立法も判決もそれに従うようにという指令的権威を要求しているが，無条件に法を権威として受容することは，われわれの道徳的自律性を否定することになってしまうのではないか。ナチス

法体系のように，後から見れば正当とは言えないようなものであっても，法は一般にそれに従うべきことを要求する。そもそも，そのような要求をする法の権威とは一体どのようなものであるのだろうか。権威 Authority と言えば，特定の個人がもつ人格特性に基づく道徳的権威や神の威光を背景とする宗教的権威が考えられるが，法は道徳的，宗教的に正当化されるとは限らない。否，むしろ特殊法的権威が認められるのは，そうした道徳的正当性の争いを凌駕する非道徳的な次元であろう。その意味では，科学的研究領域に見られる専門家の権威に近いのかも知れない。

　そうした場合としてまず考えられるのは司法的権威である。紛争当事者が仲裁者に判断を委ねる場合，その判断に従うことに合意していることになり，その決定がその後の行為の理由となる。その決定が出される以前に当事者たちが考えていた正当化理由は，たとえそれが決定理由と違っていたとしても，決定の後ではもはやそれに依拠できない。権威に基づく決定は，当事者たちが正当だと考える諸理由とは独立の，あるいはそれらに取って代わる仲介的役割をもつということである。というのも，もしも当事者の間だけで合意できるのであれば，仲介者は必要ないからである。そうした仲介者が全く存在しない社会も考えうるが，紛争や対立がある以上，何らかの仲介者は事実として生じてしまうと言ってよいであろう。

◆権威に従う心理

　こうした事実上の権威の出現に関しては，興味深い心理学実験がある。ユダヤ人のある社会心理学研究者は，ナチス時代のドイツ人たちがなにゆえにあれほどの残虐行為を行うことができたのかという疑問から，新聞広告で集めた一般のアメリカ市民たちを被験者にしてある実験を行った。その実験とは，先生の役を割り当てられた被験者が生徒役の被験者に単語の組み合わせに関する問題を出し，誤った答えを出した場合に電気ショックによって罰を与えるとい

---

9)　以下の記述は，ラズ1994年，第4章（権威・法・道徳）を参照したものであるが，彼の議論を忠実に再現したものではない。

10)　ミルグラム2008年。2001年のドイツ映画『Es』（2010年アメリカでリメイクされた映画『エクスペリメント』）は，看守と受刑者役のアルバイトに応募した市民たちが最終的に殺人にまで発展する実際の実験がもとになっている（Column0 参照）。

うものである。生徒役の被験者というのは実は「サクラ」であり，実際には電気は通っていないのだが，いかにも電気ショックを受けて苦痛を感じているかのように演技する。先生役の被験者には実験者が付き添い，回答がない場合も誤答と判断してボタンを押し続けるように指示される。

　この実験は，「先生」と「生徒」が別室に分かれて行われる場合から始めて，同室の場合，直接「生徒」の身体に電極を押しつける場合など，いくつかのバリエーションの下で行われた。その詳細は省略するが，いずれの場合でも，実験者の言われるままに450ボルトの最高電圧まで上げる者が少なくないという結果が出た。300ボルトになると「これ以上は回答を拒否する，助けて，心臓が止まりそうだ」と叫び，それ以上になると反応もなくなるように設定されているのだが，別室で行われた最初の実験では約4割の人が最高電圧までボタンを押し続け，実験者が止めるまで「拷問」を続けたという。この実験は，その後さまざまな国で，設定を変えて行われているが，直接身体に触れてショックを与える場合でも3割ほどの人が最後まで電圧を上げ続け，被験者が女性の場合でも大きな差のないことが確認されている。

　この実験結果についてどのような解釈がなされるかについてはいろいろな議論がありうる。[11] 実験を継続することを拒否した人も3割ほどはいる。しかし，多くの人が白衣を着た実験者の「権威」に服従し，自らの良心の呵責を「やりたくはなかったけど指示されたから仕方なくやった」という形で「正当化」していることは事実として認めざるをえない。この実験で見られる「権威」は，法がその服従者に示す権威と似ている。というのも，司法的決定の場合も，その内容については不満であっても，それに従った行動をとらざるをえないと考えるのが普通だと考えられるからである。判決を不当としてそれに従わない者は，この実験でボタンを押すことを拒否した人の割合よりは少ないのではないだろうか。

◆法の権威

　反発しながらも決定に従ってしまう心理がどのようにして生じるのかについ

---

11) 例えば，ブラス2008年，小坂井2008年等参照。

第5章　法的正義と法的責任

ては節を改めて考えることにして，ここではそうした法的「権威」のもつ特徴について考えてみよう。ラズによれば，その特徴として，その後の行動を拘束する指示であること，しかもその指示が誰かの見解として提示され，かつその指示の基礎となる理由には依拠せずに権威ある者の指示であると確認されること，があげられる。つまり，「すべての指令の存在と内容は，その指令のための諸理由からそれ自身独立した一定の条件の存在に依存している[12]」というのである。恣意的な立法や判決であっても，その名宛て人たちの行動を規定するものであって，しかもその立法や判決の根拠となる理由や考慮に配慮することなくその内容が確認されること，言い換えれば，法に正統な権威が欠けていることがあるとしても，法が正統な権威を主張しているという事実が重要なのである。

　ただ，事実として確認される法的決定といっても，法律の解釈に争いがある場合や裁判所の判決に違いがある場合，一体どの解釈，どの判決に権威を帰属させるのか，という問題が生じる。「法の存在と内容が道徳的議論に訴えずに確認されうる社会的事実の問題である」という主張は，ラズによれば，法が社会的事実に源泉をもつ（源泉テーゼ）ということであって，その事実が議論の余地のないものであるとか，道徳的な問題がすべて議論の余地があるということを意味するものではない。ここでいう「社会的事実」とは，「公正さの基準」ではなく，「法の仲介的な役割」に基づいて「価値中立的に記述されうる一定の行為をある人が遂行したという『生の事実』である」とされる[13]。したがって，「社会的事実」とは，法律の解釈に争いがあるとしても裁判所には解釈上の裁量を認める解釈ルールがあるということであり，法体系ごとに異なる解釈のルールは，「自然描写的に記述される法の源泉」としての事実の問題であって道徳的な問題ではないということになる。

　これは要するに，個々の法律や判決の内容については道徳的に異論があったとしても，潜在的拘束力があるとしてわれわれはそれらに重要性を与えている

---

12)　ラズ1994年；161頁。
13)　同上190-191頁。このような権威観はエキセントリックだとして批判するものとして，ドゥオーキン2009年（特に249頁以下）参照。

141

ということである。これが，法には正統な潜在的拘束力がなければならないことは概念的真理（法概念に必然的に含まれる真理）であるということであるとすれば，この想定は「自然法的循環」と呼ばれるものと等しい構造をもっているように思われる。ここで「自然法的循環」というのは，アリストテレスの自然法論に対してH. ヴェルツェルが指摘している事態である[14]。すなわち，善いものと考えるあるものを「自然にかなったもの」として説明しようとする際，前提となっているその善を「自然にかなったもの」から引き出さなければならないということである。ある対象（被説明項）を説明するために提出されることがら（説明項）に基づいてその対象を説明するというのは，前提が結論の根拠となり，結論が前提の根拠となる「循環論証」にほかならない。

◆法の正当化根拠

ラズの「実証主義」も，法はかならず権威をもつ，なぜなら権威あるものが法だから，という循環的論理となっているのではないだろうか。「法が禁止しているから殺人はいけない」ということも，「殺人はいけないから法が禁止している」とほとんど同じことを述べているのに等しく，十分な説明にはなっていないのである。しかも，すでに見たように，正義と法とを分けて考える傾向のある日本では，この循環は単なる誤謬推理の1つとして片付けられない問題をはらんでいる。というのは，正義を法の究極的な理念と考える場合には，正義を実現するはずの法が正義に反するとして批判することが可能である。しかし，両者が初めから区別されていると，そもそも正義とは呼べないようないかなる理由であっても法の正当化根拠となりうるからである。

このことは，「日本は法治主義の国，法治国家だ」という言説にも見てとることができる。このような言葉が発せられるのは，多くの場合，法案に賛成した国会議員からである。多数の賛成によって成立した法律であったとしても，それがより基本的な法に反する場合には無効であるとするのが，「法治主義」とは異なる「法の支配」の理念である。ここで「基本的な法」というのは，時代によって神の法や自然法，正義の原理，伝統などと異なりうるが，現在では

---

14) Welzel 1951, S. 30. 現代の正義論（E. ブルンナー）にも同様の循環があることについてはS. 182.参照

憲法がその役割を果たしている。憲法もしょせん人が作ったものであるから，法律と本質的には変わりがないと考える人がいるかも知れない。だが，そのように考えてしまえば，法律という体裁をとった独裁者の命令も民主的決定に基づく法律も本質的に差がないことになってしまう。

この点に関して，近年の「法と心理学研究」の動向を紹介しておきたい[15]。それによれば，近代法は，近代以前の非自律的個人の心理を克服されるべきものとして法の外に放棄した。しかも，近代法が想定する自律的な「近代的心理」も，近代法の基盤を修正，解体するようなものとして法と関連性をもちうることが否定された。法は個々人の心理過程とは独立した自律性をもつものとされたのである。ところが，その一方で，近代法は，権利や所有といった法的諸概念を通じて法制度に参与する諸個人の心的活動の所産としても認識された。

現代においては，後者の傾向が顕著となり，一般的な「法の支配」から個別具体的な「当事者支援」への再編が要請されている。一旦は法の外部に放逐された個々人の「心理」が，社会のあらゆる場面への法の浸透（法化現象）にともなって，法の内部に氾濫するようになった。そのため，感情を含む個々人の心理を整序することが法に求められる[16]。具体的には，日本でも犯罪被害者（遺族）の刑事司法への参加や「被害者感情」に配慮した厳罰化のための一連の法制化，無料法律相談と裁判費用の立て替えを任務として発足した「法テラス」などがこれに当たる。ただ，加害者の心理に対応するための法制度の整備（例えば取り調べの可視化など）は，なお遅れている。

裁判員制度を通じて，近代法の想定する「自律した個人」と非合理的な感情をもった実際の「生きた人間」とがどのように折り合いをつけられるのか，今後の動向が注目されるところである。

---

15) 以下の記述は，山田2009年に負っている。本論文には，法律家と相談者の会話におけることばの用法から両者にとってのリアリティの違いに関する興味深い記述がある。
16) この点については，河合・加藤編2003年，菅原他(I)(II)2005年，ヌスバウム2010年等参照。

3 法的正義と法的責任

◆60億通りの正義

　法がある行為を指示するとしても，それが単なる強盗の命令とは異なるとすれば，その違いはどこにあるのだろうか。この違いを認めない考え方も古くからある。アナーキズムや強者の正義論，法命令説，価値相対主義などである。これらについてもそれぞれいくつかのヴァージョンがあるため，ここでその詳細について論じることはできないが，学生の間でしばしば見られる価値相対主義的主張のもつ問題点についてのみとりあげておきたい。これまでに私が担当した学生のうちで最も極端なのは，60億の人間がいたら60億通りの正義がある，という見解である。これは，まさに上で紹介した二元論的な日本人の法感覚の表われであり，正義という価値は個人を超えることができないという主張であろう。とすると，こう主張する本人自身は，自らの行為や考え方が「正しく」他の人の主張は「正しくない」などとは全く言えないことになってしまう。そうでなければ，およそ他人との間で争いを経験したことのないとても幸福な人であるか，いつでも自分が正しく，他人の言い分はつねに正しくないというだだっ子か「超人」の言い分である。

　こうした態度は「正義の問題」を全く理解していないとして無視することも可能だが，できるだけ好意的に理解しようとすれば，各人各様，全く接点のないほど正義観念の異なる人々が何とか共存できているのは，正義原理とは別の原理に基づいて社会は構成されるという主張と見ることができる。つまり，強盗の命令に従うのも，法律の規定に従うのも，結局は自己保身のための妥協にすぎないという点では同じだという主張である。しかし，その場合，奪われたものを返せと主張することもできなくなるだろう。いや，もともと自分のものだから返せというのではなく，特別の危険がない状態で取り返せるチャンスがあれば取り返すだけだ，と言い返されるかも知れない。ただ，その場合は理由のいかんにかかわらず取り返すのであって，奪われたもの以外のものを奪うことも全く同じことになる。しかし，そうなると，警察が強盗犯を捕らえるのも

裁判官が有罪を宣告することについても，正／不正の判断が介入する余地もなくなってしまい，彼らが賄賂によって恣意的な逮捕，判決を行ったとしても，それが「正しくない」とは主張できなくなるはずである。すると，多くの人がこれらの制度を支持していることについてはどのように考えるのだろうか。

「60億通りの正義論」では，結局なるがままに身を任せるだけとなり，自分の主張を「正当化」することができなくなってしまい，「自分の正義」という主張さえできなくなる。このように，価値には一切の共有可能性がないと主張する極端な価値相対主義の場合には，その主張自体が論理的に成り立たないのである。そこで，この主張を若干緩和してみると，何人かで共有できるいくつかの価値はありうるが，すべての人が納得する普遍的な価値はないという意味での価値相対主義が考えられる。例えば，すでに何度か言及したトロッコの問題を考えてみよう。ブレーキが故障して暴走するトロッコを止めないと前方にいる5人の作業員が挽かれてしまう。それを避けるために引き込み線に誘導してそこにいる1人の人の命を犠牲にするという判断は正しいか，という問題である。これにもいくつかのヴァージョンが考えられるが，要するに，関係する全員の命を救えない窮地に追い込まれた時，特定の誰かを救うために別の誰かを犠牲にする，あるいは多数を救うために少数者を犠牲にするような行為を人為的に行うことは正当化できるかという問題である。

◆価値相対主義のディレンマ

こうした道徳的ディレンマ状況は日常的にも多いにありうることである。ハイジャックされた旅客機が住宅地に突っ込み多数の犠牲者をだすことを避けるためには，乗客の命を犠牲にしても撃ち落とすべきか。こうした問題は，実際，判断の難しい事例である。大勢の命を救うためであれば少数の犠牲はやむをえないという判断も1つの正義であり，人間の命に差はないのであり人為的に人の命を犠牲にすることは許されないとするのも正義であって，2つの判断に優劣をつけることはできない。こう考えるのが，緩和された価値相対主義の1つのありようであろう。だが，これらいずれの判断も価値的に等価だとすると，自分が犠牲者の側にいる場合も救われる側にいる場合も同様だと言えるだろうか。もっと身近な例で考えてみると，強盗や殺人の加害者側にある場合と被害

者となる場合とでも，あるいはまた，自分のために他人の財物や命がほしいというのと自分のものは奪われたくないという場合とで，いずれの必要性も等価だと言えるだろうか。それとも，自分がどちらの立場にあるかで判断も変わってしまうのだろうか。加害者，被害者，第三者，そのいずれにあるかで判断が異なり，しかもそれが異なることに優劣はない，ということになるのだろうか。

　法は，この場合の第三者の立場に近いと言えよう。司法の場では，第三者の立場から加害者と被害者の扱い方に差を設ける。そうした法の扱い自体の価値とは何であろうか。徹底した相対主義者であれば，法が設定するこのような差も恣意的なものであって逆転する可能性があり，法も第三者的中立性を標榜することはできないと主張するかも知れない。このように，価値相対主義を徹底すると，いかなる政治，社会制度の正当性をも否定するアナーキズムに近づいていく。[17] その意味で，法制度の存在意義と正当性を論じようとする場合の最終的な論敵はアナーキズムということになる。

◆アナーキズムと秩序

　強盗の威嚇的命令と法的強制との間に本質的差異を認めないのも，こうしたアナーキズムの一種と見なすならば，これに対してどのような反論が考えられるだろうか。その1つは，強盗の命令の場合はその時限りの限定的，偶然的な強制であるのに対して，法の場合は持続的な命令であり，すべての人を名宛て人とする一般性をもつことを指摘することであろう。[18] さらに，ここでも使われる「命令」ということばのもつ権威性に着目することによっても，両者の違いを論じることが可能である。[19] すなわち，「命令 order」というのは，そのことばが示唆するように，軍隊的指揮系統を典型とするようなある階層秩序を前提としているということであって，強盗の「命令」というのは，一般的秩序も権威も前提としない，ただの力づくの言明にほかならず，その意味では語義矛

---

17) もちろん，両者が最終的に完全に一致するということではない。ラディカルな価値相対主義の場合，自らの価値主張のみを正しいとする価値絶対主義に容易に反転してしまう自己矛盾を含んでいるのに対して，アナーキズムは，その語源が示すように，抑圧や権力を否定する1つの政治的立場でありうるからである。
18) ハート1976年（特に第2章）参照。
19) コジェーヴ2010年参照。

盾だということである。

　ここで両者を区別する基準となっているのは，秩序と権威の持続性と一般性であるが，これについても再反論は可能である。民主主義社会の秩序においては上下関係を基本とするヒエラルキー構造としての「秩序」は否定されるはずだし，権威といえども絶対的なものではなくある職務に応じた一時的機能に過ぎず，法は改変されるのが普通であるから持続性にも限界があり，細分化された個々の法律は適用範囲が限られているため，その一般性にも限界がある。特にグローバル化した現代においては，各国領域内で承認されている一般性も，国境を超える一般性を主張できるかどうかは定かではない，と。

◆法的正義と法的責任

　こうした論点は，まさに法的正義と法的責任の問題につながっている。もちろん，「正義」にしても「責任」にしても多様な問題を含んでいるため，簡単に定義できるものではなく，むしろ多次元的な考察を必要とする問題領域である[20]。ただ，ここでは「法的」と形容される場合の正義と責任の基本的な問題について述べておきたい。それは，「法的」という形容詞は対象を限定的に捉え，正義にも責任にもある種の限定を加えるものと見なされるかも知れないが，実は正義や責任概念の根本に関わる問題を示唆しているということである。古典的正義論として現在もたびたび引き合いに出されるアリストテレスの正義論といえば，もっぱら矯正的正義と配分的正義の区別が重視されるが，その背後に人間の道徳的卓越性こそが法的秩序を基礎づけうるとする「法的正義 justitia legalis」の思想があった。それに連なる自然法論の伝統においては，正義と「公共善」とは切り離すことのできない関係にあるものとして捉えられてきた。

　しかし，近代以降，（人間の卓越性としての）道徳と（社会統制技術としての）法とが分離され，（人間的生の目的としての）善と（異なる諸目的にそった生き方が共存しうるための基盤を示す）正義とが区別されるにつれて，これら両側面を統合するような意味での「法的正義」の理念は，無視されるか忘れ去られていった。それは，法といえば人為的に作られる制定法や具体的な判例（「作られる法」）

---

20) この点については，さしあたり，稲垣1972年，カウフマン2000年を参照されたい。

を意味し，古典的な「発見される法」の観念が時代遅れなものとみなされるようになったためである。だが，近年では，人為的に「作られる法」に対する制約原理としての「政治的正義」，立憲主義的な「法の支配」に関する議論などを通して，「発見されるべき法」の理念が復活しつつある。「公共性」概念の見直しや国境を超える「世界正義」に関する議論もそうした動きの一環と見ることができよう[21]。

これら一連の議論において，正義は，制定法の下での公正な「権利—義務」の配分や「要件—効果」図式に即した法の適用といった次元に限定されてはいない。また，「正義は国境を超えるか」という問いも，各国の制定法や国家相互の条約としての国際法に縛られることなく，むしろそれらを超えて，それらの正当性自体を問う意味での「法的正義」の次元に向けられていると言えよう。その際，最も重要な問題は，法的正義が問題となる「公共性」の意味と範囲である。そして，この意味での法的正義は，「公共性」を構成する成員の法的責任と切り離すことができない[22]。

最も広い範囲を考えれば，自然物や宇宙全体にまで公共空間は広がりうる。その場合には，植物や動物はもとより，宇宙人との関係にも正義の原理が拡張される。宇宙人はともかく，「自然の権利」といった主張は，現在における最広義の「公共性」概念に基づくものと言えよう。実際に動物の権利について司法判断を求めた事例は日本にも存在するが，その権利性を認めた判例はない。ただし，「自然の権利」に関する議論は，なぜ人間にのみ「権利」が認められるのかという基本的な問題提起とはなりうるのであり，簡単に否定することはできない。地球環境問題にしても，これを維持することが現在生きている人間だけのためなのか，いまだ存在しない将来の人類をも含む公共性が法的正義の問題となりうるのか，という問題を含んでいる。また，環境問題は，将来にむ

---

21) この点について，すでに多様な議論の蓄積がなされてきているが，さしあたり，稲葉2008年，齋藤2008年，石田2009年，シンガー2005年，セン2008年，ポッゲ2010年，サンデル2010年，井上2012年，等を参照されたい。
22) 正義と責任の関係についても，わが国においてもすでに多くの議論が提起されている。例えば，佐藤1995年，瀧川203年，ヨンパルト2005年，品川2007年，常松2009年，等を参照されたい。

けての環境保全というだけでなく、現在のような危機的状況を作り出した責任はどこにあるのか、環境破壊の程度に格段の差のある現状についての過去世代の責任も問題となるのであって、これはまさに「世代間正義」の問題でもある。

　法的正義が問題となる範囲をもう少し限定するとしても、通常考えられているような「公的領域」とはどのようなものか、何と対比されるべきなのかが問題となる。その1つは、いわゆる「私的領域」とされるものである。これについては、まず第1に、フェミニズム（法学）が問題とするように、家族関係、なかでも親子関係を法的にどう位置づけるかという問題がある。従来「身分法」と呼ばれたこの領域は、契約を基本とする市民関係とは区別されてきたが、今なお「民法」（市民の法）の一部に位置づけられていながらも、子どもの権利条約等では直接子どもの保護が国家（社会）に求められ、行政法領域の問題ともなってきている。"private"（私的）とはもともと「〜が欠けた状態」を意味するとされるが、その欠損をどのように補っていくかを考えれば、法との関わりが当然問題となる。「私的領域」をもあくまで個人と個人の合意に基づく契約関係と考えるか、それとは異なる構成原理をもつと考えるか。[23]

◆私的領域と公的領域

　「私的領域」の問題は、家族関係に限定されるものではない。法的に保証すべきなのは機会の平等だけであって、その後の「競争」にともなう格差は各人の「自己責任」として法的保護は必要ないのか、たとえ法的保護の必要性を認めたとしても、それがあくまで金銭的保障に止まるべきなのか、個人では発揮できなかった潜在的能力の開発にまで及ぶべきなのか、といった問題もある。この問題は、人間とは自律した人格であることを当然の前提とするか、相互依存を免れることのできない「社会的」存在として捉えるべきかといった、基本的な人間観の問題でもある。そこから、法的公共性を自律した個人と個人の関係を基本として考えるか、社会的に構成された存在としての人間特有の問題として捉えるかに応じて、リベラリズム対コミュニタリアニズム、公正さの正義

---

[23] この点については、親子関係をも夫婦の契約に由来する関係として捉えるカント的見方と、契約関係とは異なる社会的実体とするヘーゲル的見方について、再検討してみる必要があろう。

対ケアの倫理といった論争も生まれてくる。

　公的領域に対比される第2のものは，国内法に対する国際法であろう。近年の正義論をリードしてきた論者の多くは，国境を超える正義を否定する傾向にある。すなわち，われわれが法的正義の要請に従う義務を負うのは，法的共同体を協働して構成，維持すること，あるいは犯罪や契約違反など，場合によって法的強制を受け入れることを認めあった者たちの間でだけであって，正義に基づく義務はその外部には及ばないというのである。この問題は近代的な法概念，法価値論の基本に関わる大問題であって，これについては本書の枠を超える考察が必要となる。ここではただ，この問題が単に理論的な問題に止まらず，きわめて実践的な問題でもあることを指摘しておきたい。

　例えば，死刑を廃止したEUは日本に対しても死刑廃止を勧告し，廃止ないし執行停止を法制化しない限り，犯人引渡条約を再考せざるをえないということを示唆している。伝統や世論を理由に日本独自の法体制を維持できるかどうかが問題となっているのである。また，いわゆるTPPに関して問題となっているISD条項(Investor State Dispute Settlement)は，私企業が他国政府を相手どってその政策（日本で問題とされるのは国民皆保険制度や車検制度など）が公正な経済関係を阻害するとして訴えることができ，それが認められると，政府は企業に対して巨額の賠償責任を負い，政策の変更を迫られるというものである。これなどは，公正な経済取引を保証するという意味での交換的正義と国家が国内的に配慮するべき配分的正義とが衝突する事例と見ることもできよう。

◆「法に触れる」ということ

　ともかく，本書のまとめとして述べておきたいことは，法的正義や法的責任の概念が，既存の制定法を前提として，その下にのみ成り立つものではないということである。つまり，われわれは，特定の法共同体の成員として共同体の側から一方的に「遵法義務」を課せられるのではなく，むしろ積極的に「法に触れる」ことが求められている，というよりは「法に触れる」ことを回避することはできないということである。具体的な例に即して言えば，わが国の制定法が死刑を規定しているがゆえにそれを実行することが必ずしも法的正義の遂行，法的責任の取り方とはならないということである。あるいはまた，法律の

「専門家」の考える「要件―効果」図式に基づく法的責任論は，実態に即して考えた場合，貫徹していないということである。いわゆる「利益考量」に基づく「目的―手段」考慮が司法の領域においても広く見られるのであって，例えば原発訴訟に見られるように，裁判所の判断に関する法的責任さえ問題とせざるをえない状況があるからである。

　本書では扱えなかった問題にも言及しておくならば，「グローバル・ジャスティス」の問題との関連で，近代的な主権国家の正当性（代表制民主主義といわれる場合の「代表」と「代理」の違い，国家構成員としての「国民」とは何かなど）が改めて問われている。これら，近代法における諸概念とその実態は必ずしも自明なものではなく，つねに反省を迫られる問題であり，しかもそれは専門家のみに委ねられるべき理論的な問題ではなく，日常生活に関わるきわめて実践的な問題でもあるということである。

あとがき

　学生時代から数えると私自身はすでに35年ほど関わってきたのであるが，「法哲学」という学問領域は日本では一般にほとんど知られていないようである。名の知れた（旧）国立大学の経済学教授と仕事をした際にも，「法哲学」などという学問領域があることを知らなかったと言われたことがある。実際，法哲学者の「専門家」の間でさえ，「法哲学者の数と同じだけの法哲学がある」とか，「十人十色の法哲学」などと言われる。結局は，何が最も重要な問題であり，哲学的探求を必要とするかということについて，人それぞれだということになるのかも知れない。しかし，本文でも述べているように，そこに全く共通の問題がないとすれば，とっくにこのような学問はなくなっているか，分裂してしまっていたであろう。だが，学会としては「哲学会」も「法哲学会」も生き残っている。

　ただし，大学の現場では「哲学科」という学科や「法哲学」という科目をもつ所は少なくなりつつあるようである。そうした状況にある種の危機感を抱いてしまう私は，いつのまにか古い世代になってしまったのかという感慨を抱く。アカデミックな基礎的研究を目指す者も，その意義を社会にアピールできなければ，研究者としての地位さえ危うい現実を思い知らされている。これまでの私は，地道に論文を発表していれば「学会」内の片すみで研究者仲間として認められ，それでよいのではないかという安易な思いで，特に単著を公表することもなく来てしまった。しかし，最近の学問状況は，そうした安易な気持ちではいられないのではないかという気持ちにさせる。つまり，法哲学のような基礎的学問領域が軽視され，「社会的ニーズ」への対応といった形で現状追従型の個別具体的「専門領域」にふり回される若い学生たちが気がかりになったということである。

　それともう1つ，これもずいぶん前の話になるが，ある時，法哲学専攻のある学生から「青山法哲学」を示してほしいと言われたことがあり，ずっと気にかかっていた。また，これももう10年余前になるが，今は亡きある教授から，

153

「君は哲学の分かる数少ない法哲学者の1人だから，君の考える現象学を数年じっくり捉え直し，それに基づいた法哲学書を書くように」とアドバイスを頂いたことがある。いずれにしても，当時はそれほど大それた願望は持っていなかったが，数年前から久しぶりに「法哲学」を担当することになり，私の考える法哲学を示す責任があるのではないかと考えるようになった。

そのような思いから「私の法哲学」のテキストとしてまとめてみたのが本書である。本文のなかにしばしば，学生たちの反応が出てくるのはそのためである。したがって，本書は学生たちとの対話のなかから生まれたと言ってもよい。これによって，読者のうちの何人かが「法哲学」的思考の面白さと重要さに気づいてもらえるとすれば，そして，本文で引用，紹介した多様な文献に興味をもち，それらを参考にしてさらに考えを深めてもらえるならば，本書を出版した意味はあったことになる。しかし，これはまだその第1歩に過ぎず，21世紀の現状に即した法のあるべき姿や元来私の関心の中心にあった法哲学方法論に関する考察など，残された仕事は少なくない。人間はいつでも道半ばであるかも知れないが，わずかなりともその責任を果たせればと考えている。

最後になるが，出版事情の厳しい折の突然の出版依頼にもかかわらず，それに応えて下さった法律文化社の畑光氏と校正作業において適切なアドバイスを頂いた秋山泰氏に感謝の意を表したい。

  2012年12月

青山　治城

■参考文献

〔著作者のアルファベット順〕

青柳幸一『個人の尊重と人間の尊厳』尚学社1996年
青山治城「個人と社会　民主主義と歴史の『主体』をめぐって」(神田外語大学紀要第10号) 1998年
　　──「憲法はまだか　個人・国民・人間」(神田外語大学紀要第14号) 2002年
　　──「民主主義と立憲主義　日本国憲法のディレンマ」(『法の理論』27、成文堂) 2008年
荒井裕樹『隔離の文学　ハンセン病療養所の自己表現史』書肆アルス2011年
オースティン, J.L.『言語と行為』大修館書店1978年
アンスコム, G.E.M.『インテンション　実践知の考察』産業図書1984年
アリエス, F.『子供の誕生』みすず書房1981年
アリストテレス『ニコマコス倫理学』岩波文庫(上) 1971年,(下) 1973年
アルヴァレズ, A.『自殺の研究』筑摩書房1974年
ベイトソン, G.『精神と自然』新思索社2001年
ベンサム, J.『道徳および立法の諸原理序説』世界の名著『ベンサム・J.S.ミル』中央公論社1979年
ブラス, T.『服従実験とは何だったのか』誠信書房2008年
バス, D.M.『「殺してやる」止められない本能』柏書房2007年
コルデル, J.『ソフィーの世界』NHK出版1995年
クロスリー, N.『間主観性と公共性』新泉社2003年
ディウィッドソン, D.『行為と出来事』勁草書房1990年
デュルケーム, E.『自殺論』中公文庫1985年
ドゥオーキン, R.『裁判の正義』木鐸社2009年
アインシュタイン／フロイト『ひとはなぜ戦争をするのか　アインシュタインとフロイトの往復書簡』花風社2000年
エピクロス『エピクロス』岩波文庫1959年
エンゲルス, F.『フォイエルバッハ論』岩波文庫1960年
フェアドロス, A.『自然法』成文堂1974年
フィールド, N.『天皇の逝く国で』みすず書房1994年
ガザニガ, M.S.『脳のなかの倫理　脳倫理学序説』紀伊国屋書店2006年
ギリガン, C.『もう一つの声』川島書店1986年
ハラウェイ, D.『猿と女とサイボーグ』青土社2000年
ハート, H.L.A.『法の概念』みすず書房1976年
ヘーア, R.M.『道徳の言語』勁草書房1982年
　　──『道徳的に考えること　レベル・方法・要点』勁草書房1994年
　　──『自由と理性』理想社1982年
平尾透『倫理学の統一理論』ミネルヴァ書房2000年

ホッブズ, T.『リバイアサン』河出書房新社『世界の大思想』9、1973年
一ノ瀬正樹『功利主義と分析哲学　経験論哲学入門』日本放送出版協会2010年
　——『死の所有　死刑・殺人・動物利用に向きあう哲学』東京大学出版会2011年
池田晶子・陸田真志『死と生きる　獄中哲学対話』新潮社1999年
稲葉振一郎『「公共性」論』NTT出版2008年
井上達夫『共生の作法　会話としての正義』創文社1986年
　——「決定と正当化　ケルゼンとルール懐疑」（長尾龍一他編『新ケルゼン研究』木鐸社）1981年
　——『世界正義論』筑摩書房2012年
石田雅樹『公共性への冒険』勁草書房2009年
五木寛之『大河の一滴』幻冬舎文庫1999年
イエーリング, R. v.『権利のための闘争』岩波文庫1982年
イエリネック, G.『一般国家学』学陽書房1974年
ヨンパルト, J.「再び、『個人の尊重』と『人間の尊厳』が同じか」（『法の理論』19、成文堂）2000年
　——『道徳的・法的責任の三つの条件』成文堂2005年
門脇俊介『理由の空間の現象学』創文社2002年
門脇俊介・野矢茂樹編『自由と行為の哲学』春秋社2010年
カント, I.『純粋理性批判（上）（中）』岩波文庫1961年
　——『実践理性批判』岩波文庫1959年
　——『人倫の形而上学』理想社カント全集第11巻1969年
カウフマン, A.『転換期の刑法哲学』成文堂1993
　——『責任原理　刑法的・法哲学的研究』九州大学出版会2000年
カウルバッハ, F.『カントの行為の理論』明星大学出版部1981年
　——『行為の哲学』勁草書房1988年
河合幹雄『日本の殺人』ちくま新書2009年
河合隼雄『神話と日本人の心』岩波書店2003年
河合隼雄・加藤雅信編『人間の心理と法』有斐閣2003年
川島武宜『日本人の法意識』岩波新書1967年
互盛央『エスの系譜』講談社2010
ケルゼン, H.『一般国家学』岩波書店1971年
　——『純粋法学』岩波書店1974年
　——『社会学的国家概念と法学的国家概念』晃洋書房2001年
菊地和宏『「社会」の誕生』講談社2011年
北山修『悲劇の発生論』金剛出版1982年
北山修・橋本雅之『日本人の＜原罪＞』講談社現代新書2009年
小浜逸郎『なぜ人を殺してはいけないのか』洋泉社2000年
小松美彦『死は共鳴する　脳死・臓器移植の深みへ』勁草書房1996年
小松美彦他『いのちの選択　今考えたい脳死・臓器移植』岩波ブックレット782、2010年
小宮友根『実践の中のジェンダー』新曜社2011年
小坂井敏晶『責任という虚構』東京大学出版会2008年

参考文献

木村敏『分裂病の詩と真実』河合文化教育研究所1998年
コジェーヴ, A.『権威の概念』法政大学出版局2010年
小坂井敏晶『責任という虚構』東京大学出版会2008年
呉智英・佐藤幹夫編著『刑法三九条は削除せよ！　是か非か』洋泉社2004年
黒田亘『行為と規範』勁草書房1992年
九州大学哲学研究室編『行為の構造』勁草書房1983年
ランツバーグ, P. L.『死の経験』紀伊国屋書店1977年
マルクス, K.『資本論（一）』岩波文庫1969年
丸山真男『日本の思想』岩波新書1961年
マッキンタイア, A.『美徳なき時代』みすず書房1993年
ミル, J. S.『功利主義論』（世界の名著『ベンサム・J. S. ミル』中央公論）1979年
　──『自由論』（世界の名著『ベンサム・J. S. ミル』中央公論）1979年
ミルグラム, S.『服従の心理学』河出書房新社2008年
三島輝夫『規範と意味　ソクラテスと現代』東京大学出版会2000年
三島淑臣『法思想史』青林書院新社1980年
三宅晶子『「心のノート」を考える』岩波ブックレット2003年
ムーア, G. E.『倫理学原理』三和書房1973年
森達也『死刑』朝日出版社2008年
村上靖彦『自閉症の現象学』勁草書房2008年
ムルホール, S.／スウィフト, A.『リベラル・コミュニタリアン論争』勁草書房2007年
中川剛『日本人の法感覚』講談社現代新書1989年
永井均『＜私＞のメタフィジックス』勁草書房1986年
長尾龍一『神と国家と人間と』弘文堂1991年
ネーゲル, T.『哲学ってどんなこと？』昭和堂1993年
西原和久『間主観性の社会学理論』新泉社2010年
西原博史『良心の自由　基本的人権としての良心的自律可能性の保障』成文堂1995年
　──『良心の自由と子どもたち』岩波新書2006年
21世紀研究会編『法律の世界地図』文藝春秋2007年
ヌスバウム, M.『感情と法』慶應義塾大学出版会2010年
　──『良心の自由』慶應義塾大学出版会2011年
小椋貞秀・河野真『倫理学の基礎』理想社1967年
岡本裕一郎『異議あり！生命・環境倫理学』ナカニシヤ出版2002年
岡崎正尚『慈悲と天秤　死刑囚・小林竜司との対話』ポプラ社2011年
大木雅夫『日本人の法観念』東京大学出版会1983年
オルテガ・イ・ガセット, J.『大衆の反逆』ちくま学芸文庫1995年
押久保倫夫「『個人の尊重』か『人間の尊厳』か」（『法の理論』19、成文堂）2000年
パンゲ, M.『自死の日本史』筑摩書房1986年
パスカル, B.『パンセ』（上）新潮文庫1952年
ポッゲ, T.『なぜ遠くの貧しい人への義務があるのか』生活書院2010年
プラトン『国家』（世界の名著『プラトンⅡ』中央公論社）1969年
ラートブルフ, G.『実定法と自然法』ラートブルフ著作集4、1961年

ロールズ, J.『正義論』紀伊国屋書店2010年
ラズ, J.『権威としての法』勁草書房1994年
リベット, B.『マインド・タイム』岩波書店2005年
リーデル, M.『規範と価値判断』御茶の水書房1983年
ロンメン, H.『自然法の歴史と理論』1956年
ロイド, D.『マインド・クエスト　意識のミステリー』2006年
Rummel, R. J., *Death by Government*, Transaction Publishers, 2008.
ルソー, J. J.『社会契約論／ジュネーブ草稿』光文社文庫2008年
齋藤純一『政治と複数性　民主的な公共性にむけて』岩波書店2008年
斉藤道雄『治りませんように』みすず書房2010年
佐伯胖『「きめ方」の論理　社会的決定理論への招待』東京大学出版会1980年
桜井徹「なぜ『人を殺してはいけない』のか　コンベンショナリズムからの1試論」(神戸大学国際文化学会『国際文化学』第7号) 2002年
サンデル, M. J.『自由主義と正義の限界』三嶺書房1992年
──『公共哲学　政治における道徳を考える』ちくま学芸文庫2010年
笹澤豊『道徳とその外部』勁草書房1995年
サール, J. R.『行為と合理性』勁草書房2008年
サルダ, F.『生きる権利と死ぬ権利』みすず書房1988年
佐藤直樹『＜責任＞のゆくえ』青弓社1995年
シェーラー, M.『倫理学における形式主義と実質的価値倫理学』白水社版シェーラー全集2、1976年
シュッツ, A.『社会的世界の意味構成』木鐸社1982年
セン, A.『福祉と正義』東京大学出版会2008年
下条信輔『サブリミナル・マインド　潜在的人間観のゆくえ』中公新書1966年
シンガー, P.『実践の倫理』昭和堂1999年
──『グローバリゼーションの倫理学』昭和堂2005年
品川哲彦『正義と境を接するもの　責任という原理とケアの倫理』ナカニシヤ出版2007年
思想良心信教の自由研究会編『この国に思想・良心・信教の自由はあるのですか』いのちのことば社2006年
菅原郁夫他『法と心理学のフロンティア(I)(II)』北大路書房2005年
多田富雄『免疫の意味論』青土社1993年
──『生命の意味論』新潮社1997年
高橋哲哉『「心」と戦争』晶文社2003年
──『アウシュビッツと私たち』グリーンピース出版会1996年
高橋透『サイボーグ・フィロソフィー』NTT出版2008年
高橋由典『感情と行為　社会学的感情論』新曜社1996年
──『行為論的思考　体験選択と社会学』ミネルヴァ書房2007年
竹下賢『実証主義の功罪』ナカニシヤ出版1995年
テイラー, C.『自我の源泉　近代的アイデンティティの形成』名古屋大学出版会2010年
トクヴィル, A. d.『アメリカの民主政治』講談社学術文庫1987年
トムソン, J. J.「人工妊娠中絶の擁護」(加藤尚武・飯田恒之編『バイオエシックスの基礎』東

海大学出版会）1988年
常松淳『責任と社会』勁草書房2009年
トゥーリー, M.「嬰児は人格を持つか」(加藤尚武・飯田宣之編『バイオエシックスの基礎』
　東海大学出版会) 1988年
上田健一『生命の刑法学』ミネルヴァ書房2002年
ユードル, スチュワート・L.『八月の神話　原子力と冷戦がアメリカにもたらした悲劇』時事通
　信社1995年
ヴァイトクス, S.『「間主観性」の社会学』新泉社1996年
ウァルデンフェルス, B.『行動の空間』白水社1987年
Welzel, H., *Naturrecht und materiale Gerechtigkeit*, Vandenhoeck & Ruprecht, 1951
ウィンチ. P.『倫理と行為』勁草書房1987年
ウィリアムズ, D.『自閉症だったわたしへ』Ⅲ新潮文庫2005年
ウォーリン, S. S.『西欧政治思想史』福村出版1994年
八木鉄男『法哲学史』世界思想社1976年
山口一郎『人を生かす倫理』知泉書館2008年
山田恵子「リアリティとしての法と心理　法律相談を素材として」(神戸法学年報第25号)
　2009年
山田隆司『最高裁の違憲判決　「伝家の宝刀」をなぜ抜かないのか』光文社新書2012年
山本博文『日本人の責任の取り方』光文社新書2003年
山内友三郎『相手の立場に立つ　ヘアの道徳哲学』勁草書房1991年

◆著者紹介◆

青山　治城（あおやま・はるき）

1951年　生まれ
1981年　筑波大学大学院社会科学研究科修了（法学博士）
現　在　神田外語大学（国際コミュニケーション学科）教授
〔主要業績〕
「法と政治の現象学――現象学的他者問題から」（現象学年報17号，2000年）
「憲法はまだか――個人・国民・人間」（神田外語大学紀要14号，2002年）
「立憲主義と民主主義」（『法の理論』27号，成文堂，2008年）
　翻訳書として
G. シュルテ『ルーマン・システム理論　何が問題か　システム理性批判』新泉社，2007年

Horitsu Bunka Sha

なぜ人を殺してはいけないのか
――法哲学的思考への誘い

2013年4月15日　初版第1刷発行

著　者　青山治城
発行者　田靡純子
発行所　株式会社 法律文化社

〒603-8053
京都市北区上賀茂岩ヶ垣内町71
電話 075(791)7131　FAX 075(721)8400
http://www.hou-bun.com/

＊乱丁など不良本がありましたら，ご連絡ください。
　お取り替えいたします。

印刷：西濃印刷㈱／製本：㈱藤沢製本
装幀：仁井谷伴子

ISBN 978-4-589-03501-1
©2013 Haruki Aoyama Printed in Japan

JCOPY　<(社)出版者著作権管理機構　委託出版物>

本書の無断複写は著作権法上での例外を除き禁じられています。複写される場合は，そのつど事前に，(社)出版者著作権管理機構（電話 03-3513-6969，FAX 03-3513-6979, e-mail: info@jcopy.or.jp）の許諾を得てください。

樋口陽一×杉田 敦／西原博史／北田暁大／井上達夫×齋藤純一／コーディネーター：愛敬浩二
対論 憲法を／憲法から ▶ラディカルに考える　●2310円
憲法学，政治学，社会学，法哲学など気鋭の学者らが分野をこえて，国家・社会の根源的問題を多角的に徹底討論。「基調論考」をふまえた対論は，新たな思考プロセスや知見を含み，〈憲法を／憲法から〉考えるための多くの示唆を提供する。

「人権」を根源的に問い直し，再構築をめざす

講座 人権論の再定位 全5巻
A5判・上製カバー巻・220～280頁

1 人 権 の 再 問　市野川容孝編　●3150円
差別・障害・老い・セクシュアリティ・貧困など，私たちが直面している諸問題と，これまで紡ぎだされてきた様々な思想に照らし合わせ，人権とは何かを問い直す。

2 人 権 の 主 体　愛敬浩二編　●2465円
人権概念をその前提となる主体概念にまでさかのぼって，人権をめぐる問題状況を把握し，理論と実践における人権論の課題を明らかにする。

3 人 権 の 射 程　長谷部恭男編　●3465円
あらゆる人が平等に享受すべき人権を実効的に保障するためには，いかなる制度構築が必要なのか。憲法学の直面する問題状況を描き，その行方を模索する。

4 人 権 の 実 現　齋藤純一編　●3465円
どのような権利の喪失が人間の生にとって致命的か。人権の実現にはどのような問題があるのか。実現され保障されるべき内容を批判的，具体的に明らかにする。

5 人権論の再構築　井上達夫編　●3465円
批判，主体の拡散と動揺，人権の射程，実現問題など「人権論の困難」をふまえ，人権の意味・根拠・場を原理的に問い直すことにより，人権論の再構築を探求する。

――法律文化社――

表示価格は定価(税込価格)です